Libro para colorear

Animales del zoo

Coloring Pages for Kids

Coloring Pages for Kids
An imprint of Ciparum LLC

Libro para colorear animales del zoo
© 2017 Ciparum LLC
All rights reserved.
ISBN-10:1-63589-437-9
ISBN-13:978-1-63589-437-0

Coloring Pages for Kids

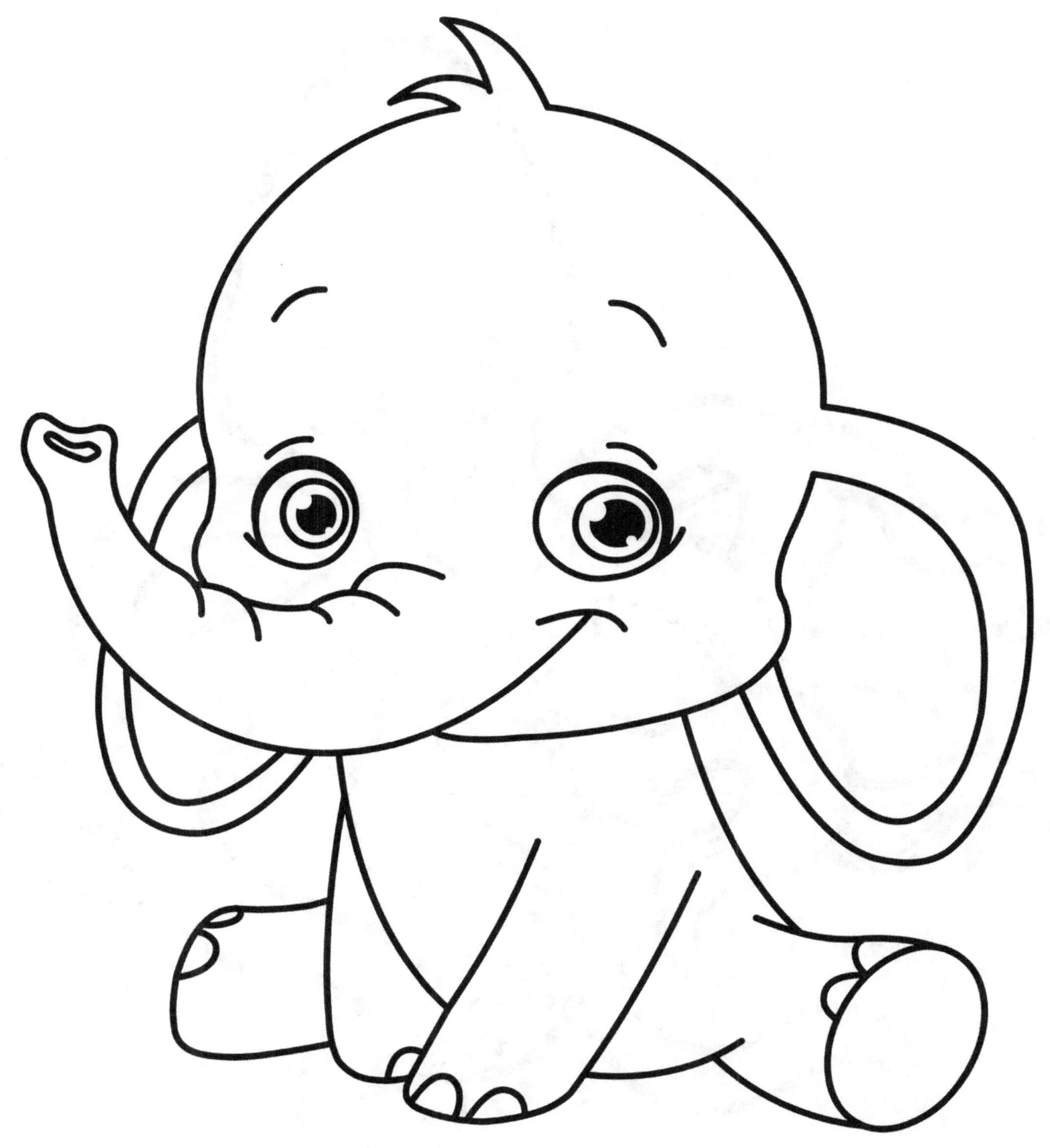

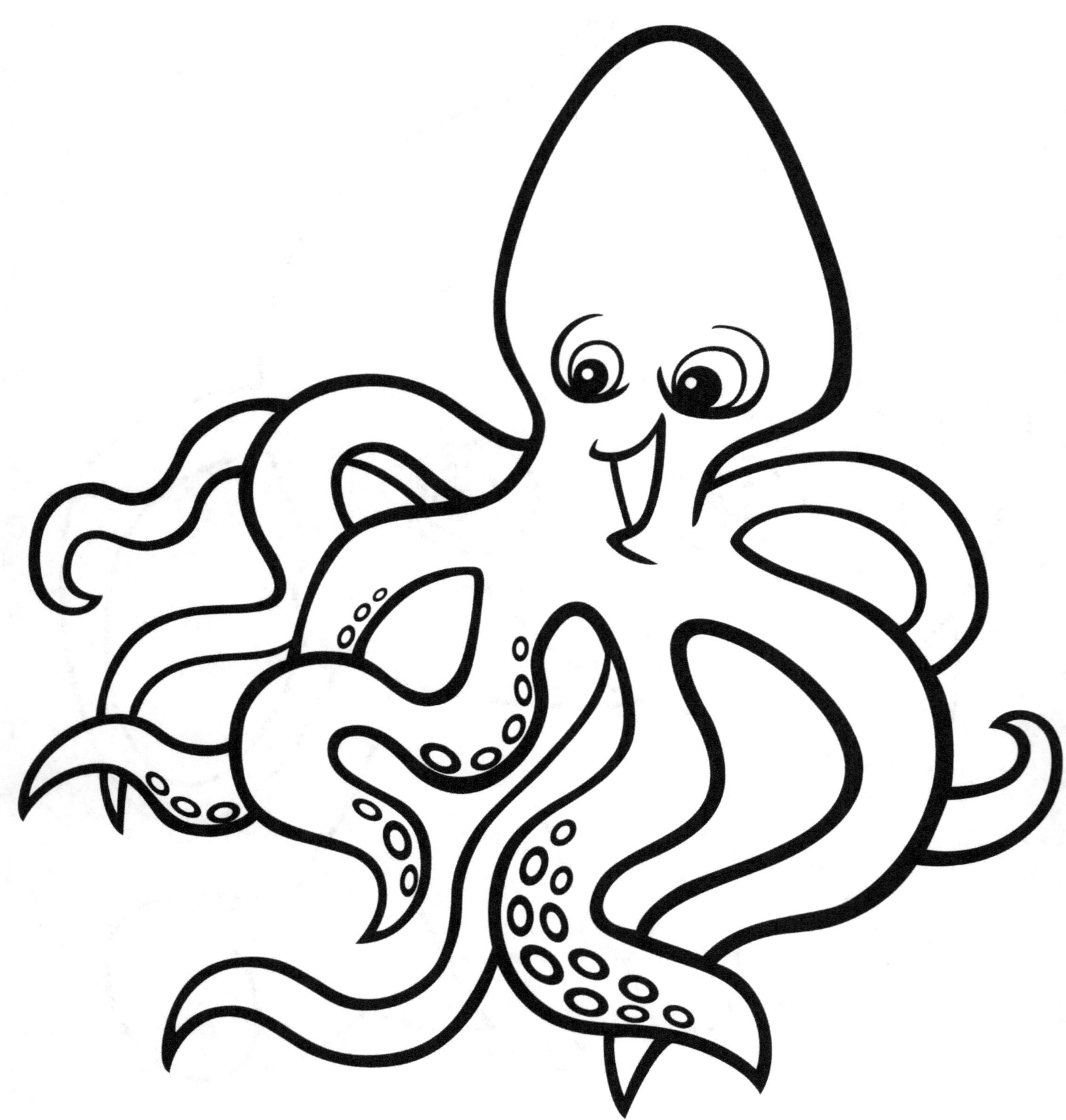

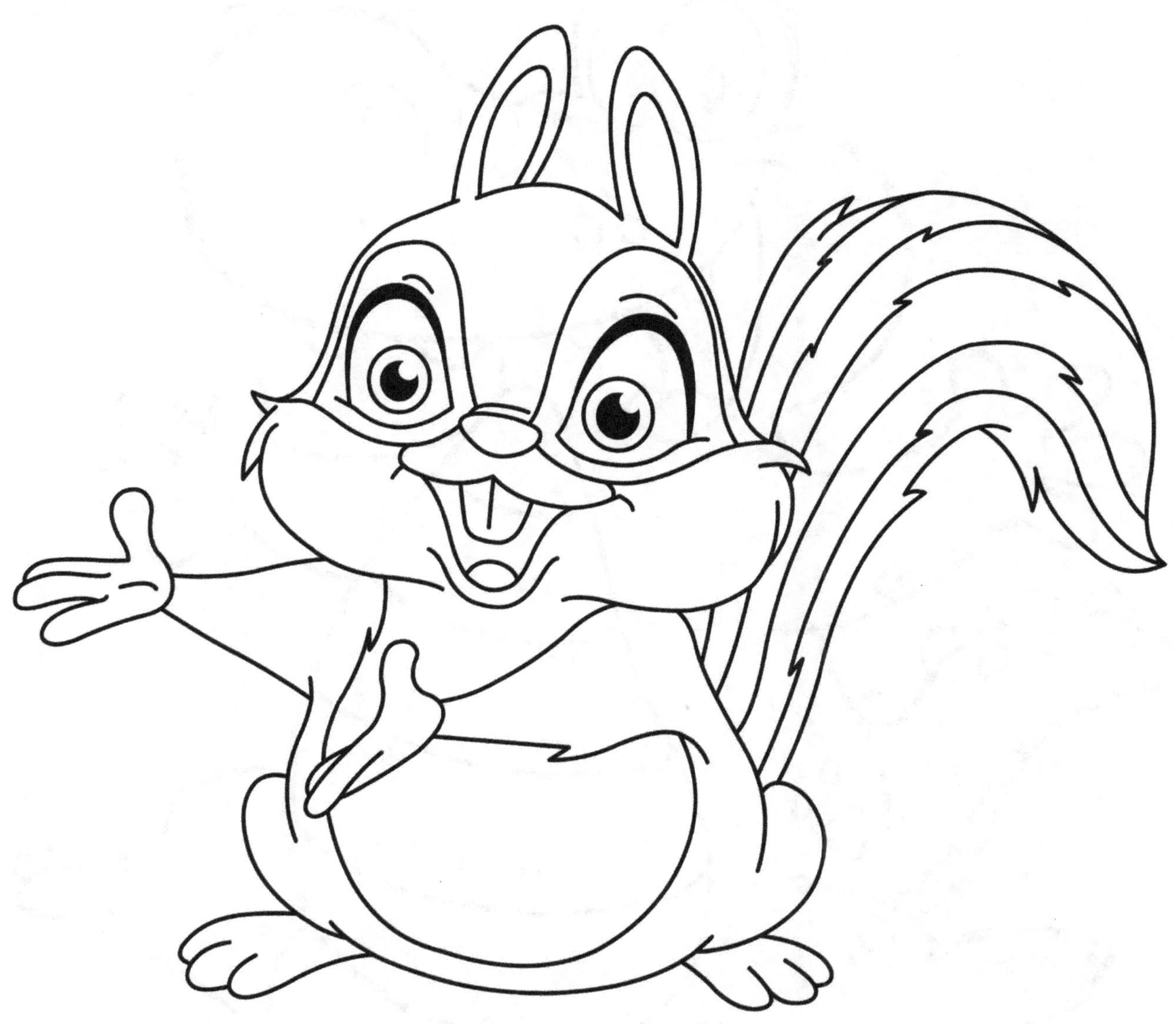

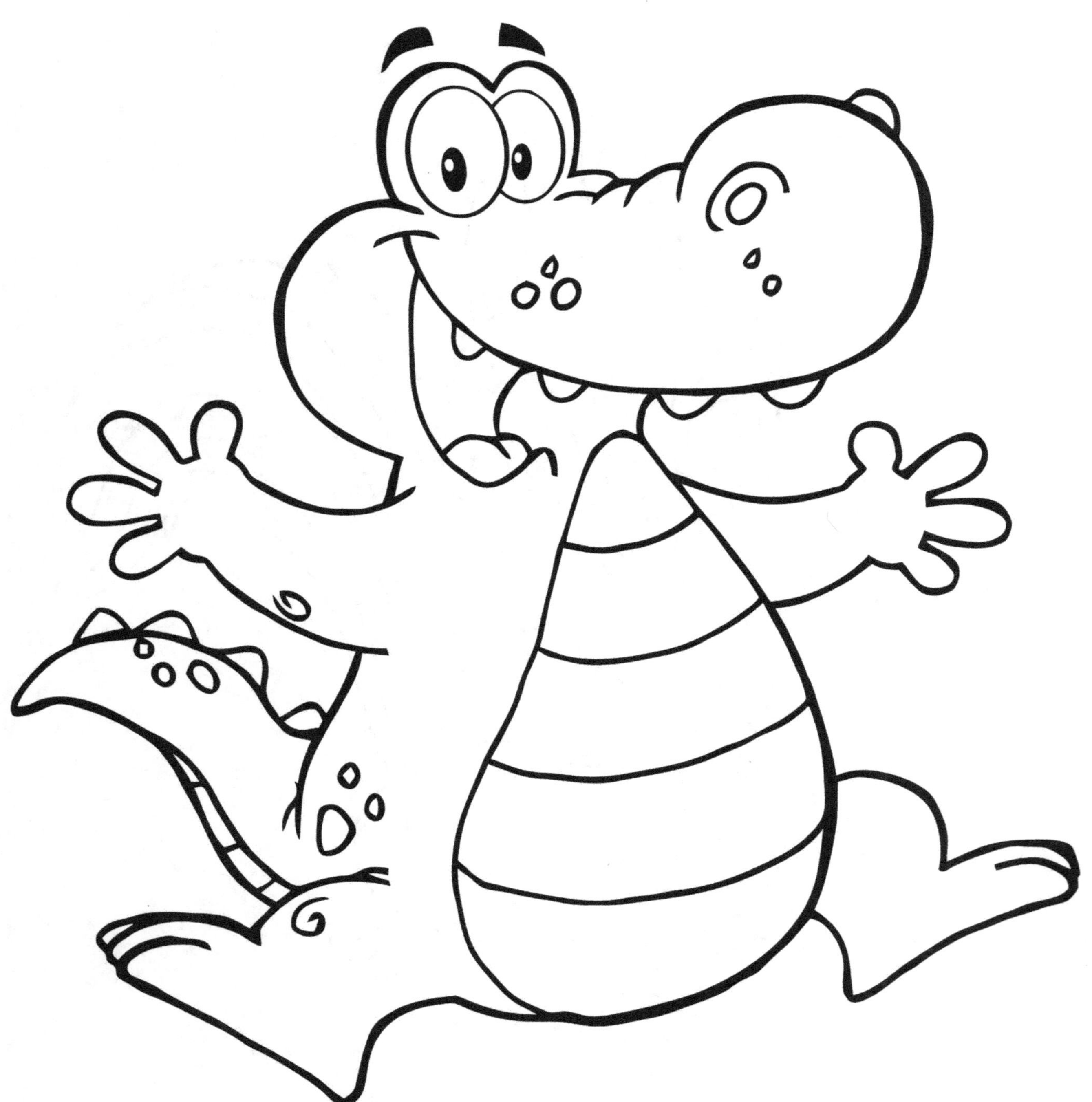

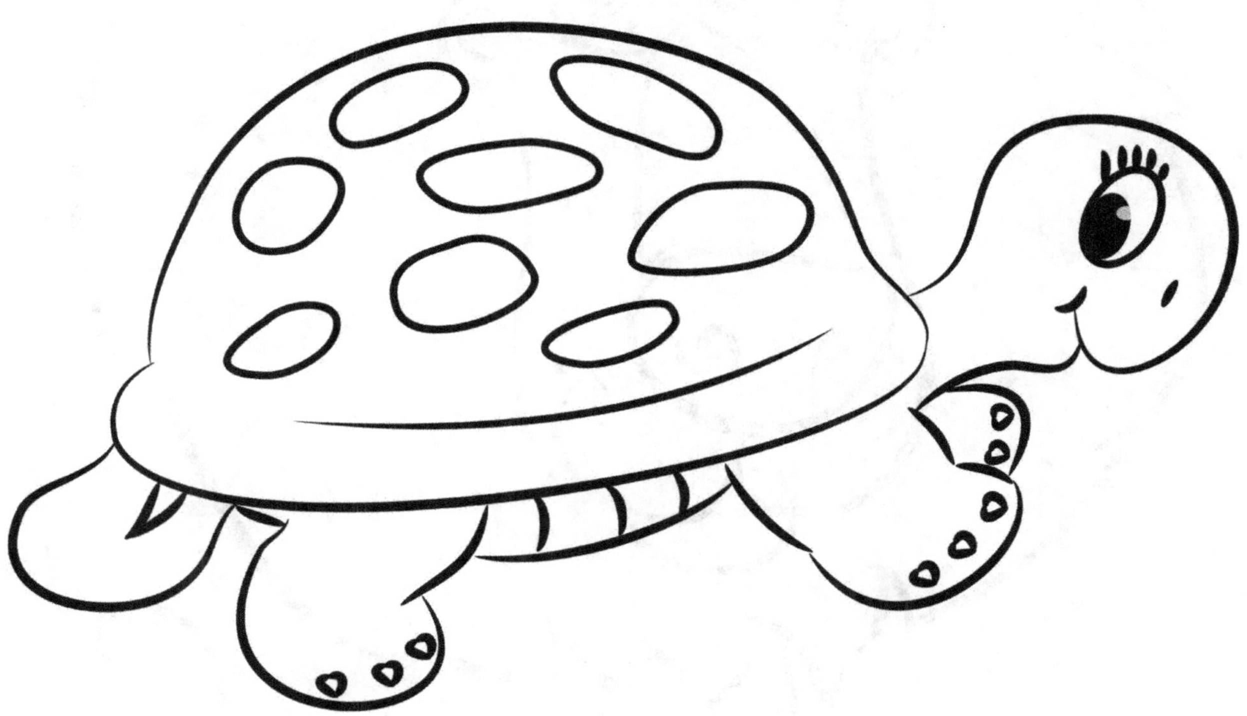

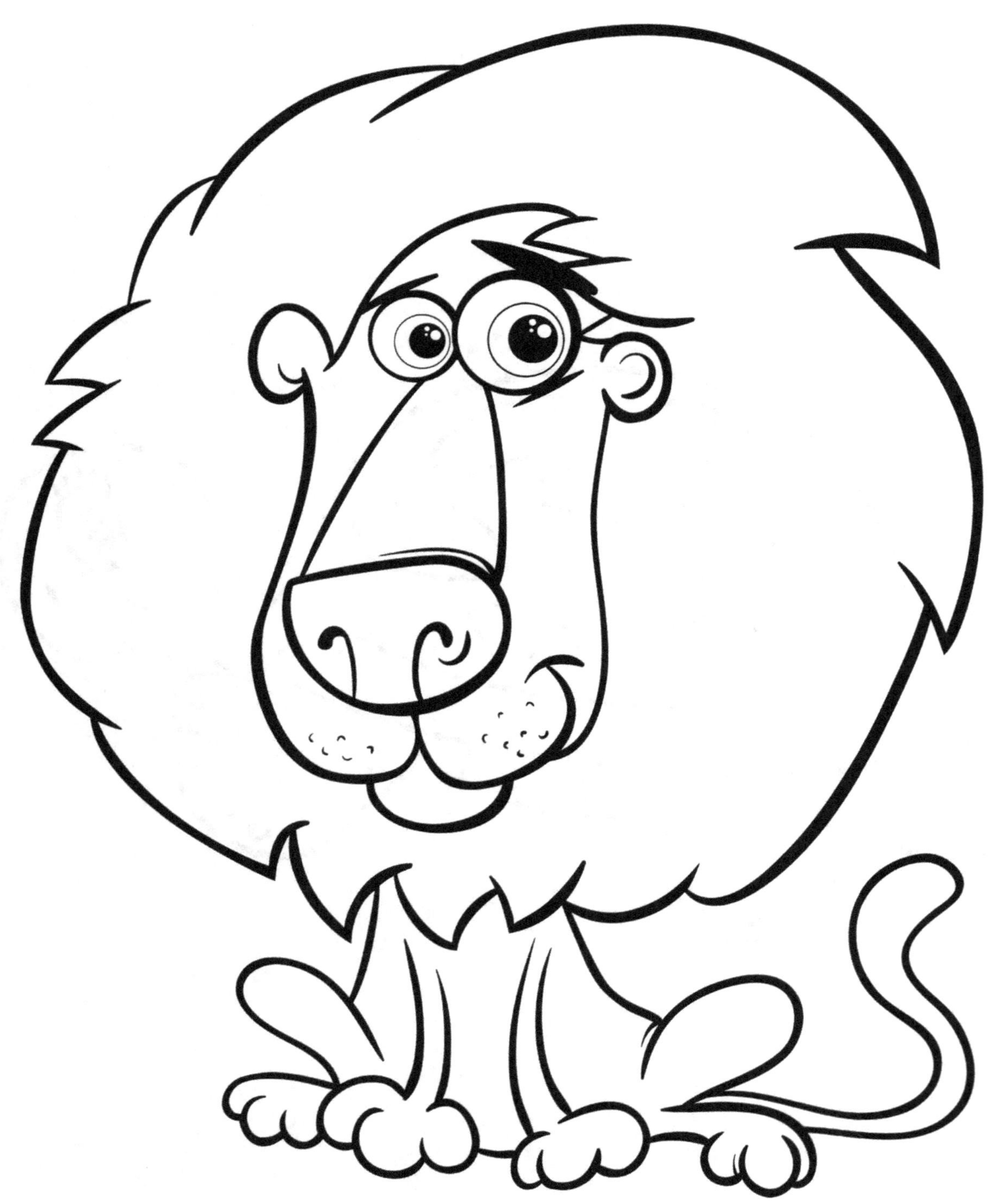

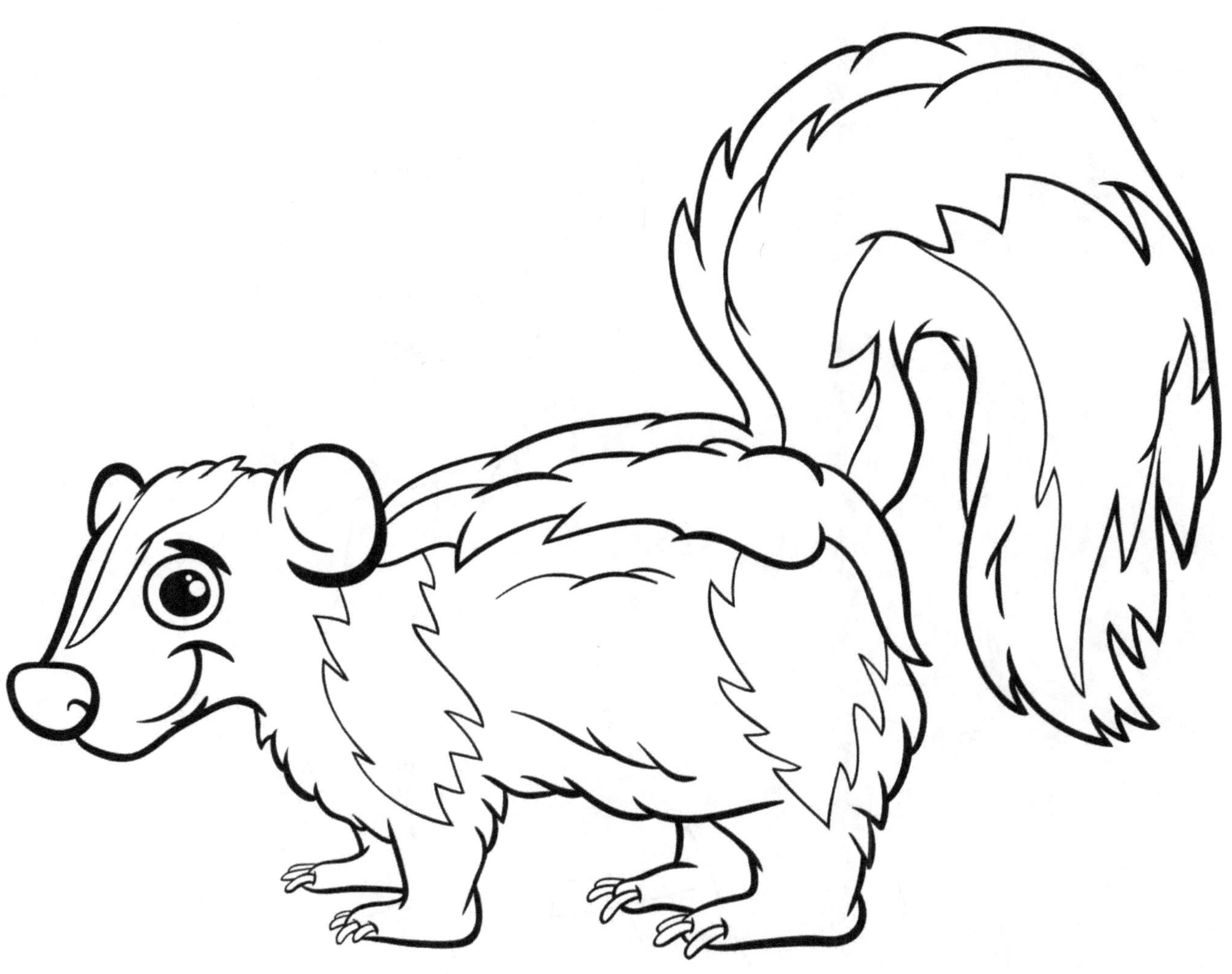

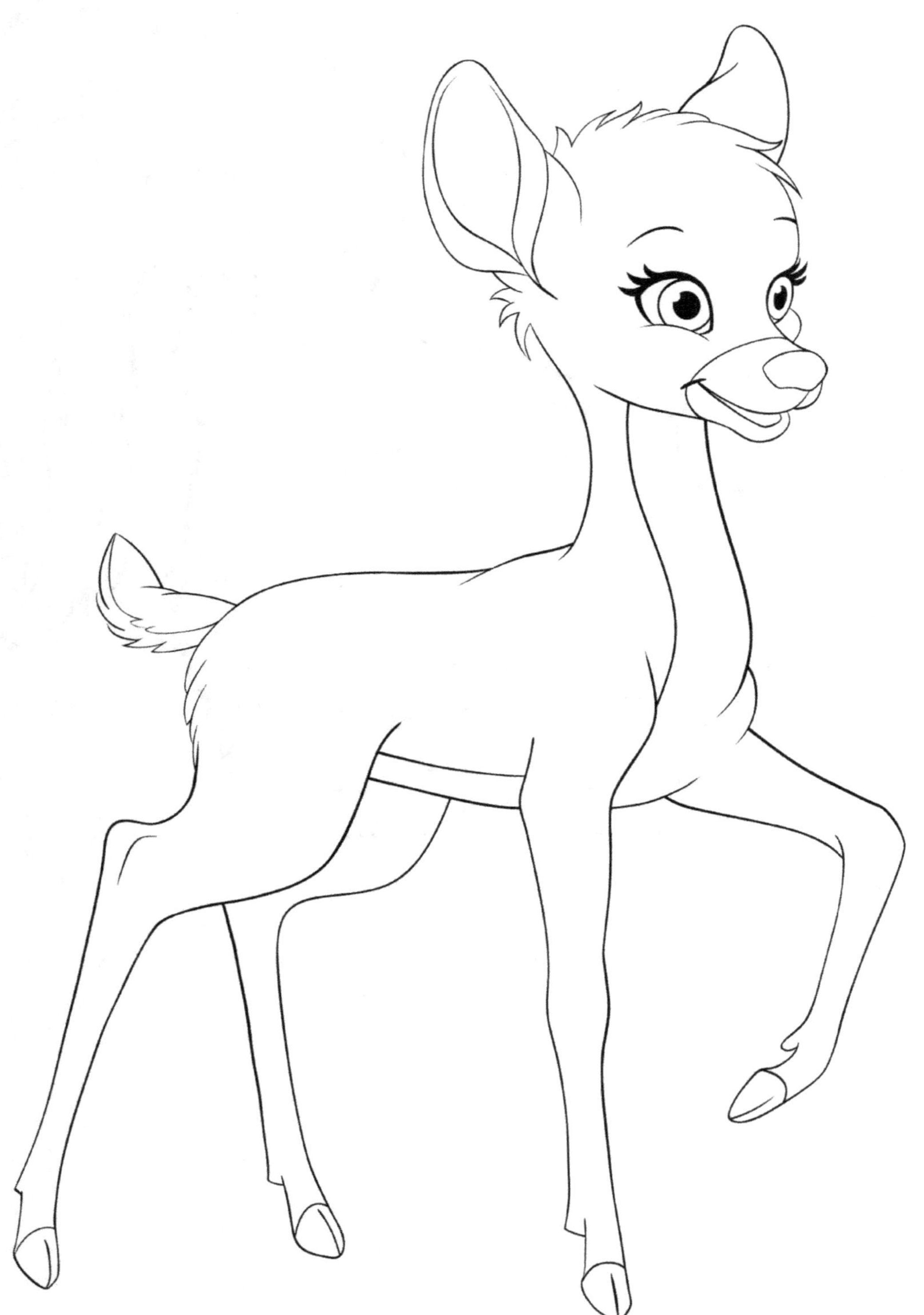

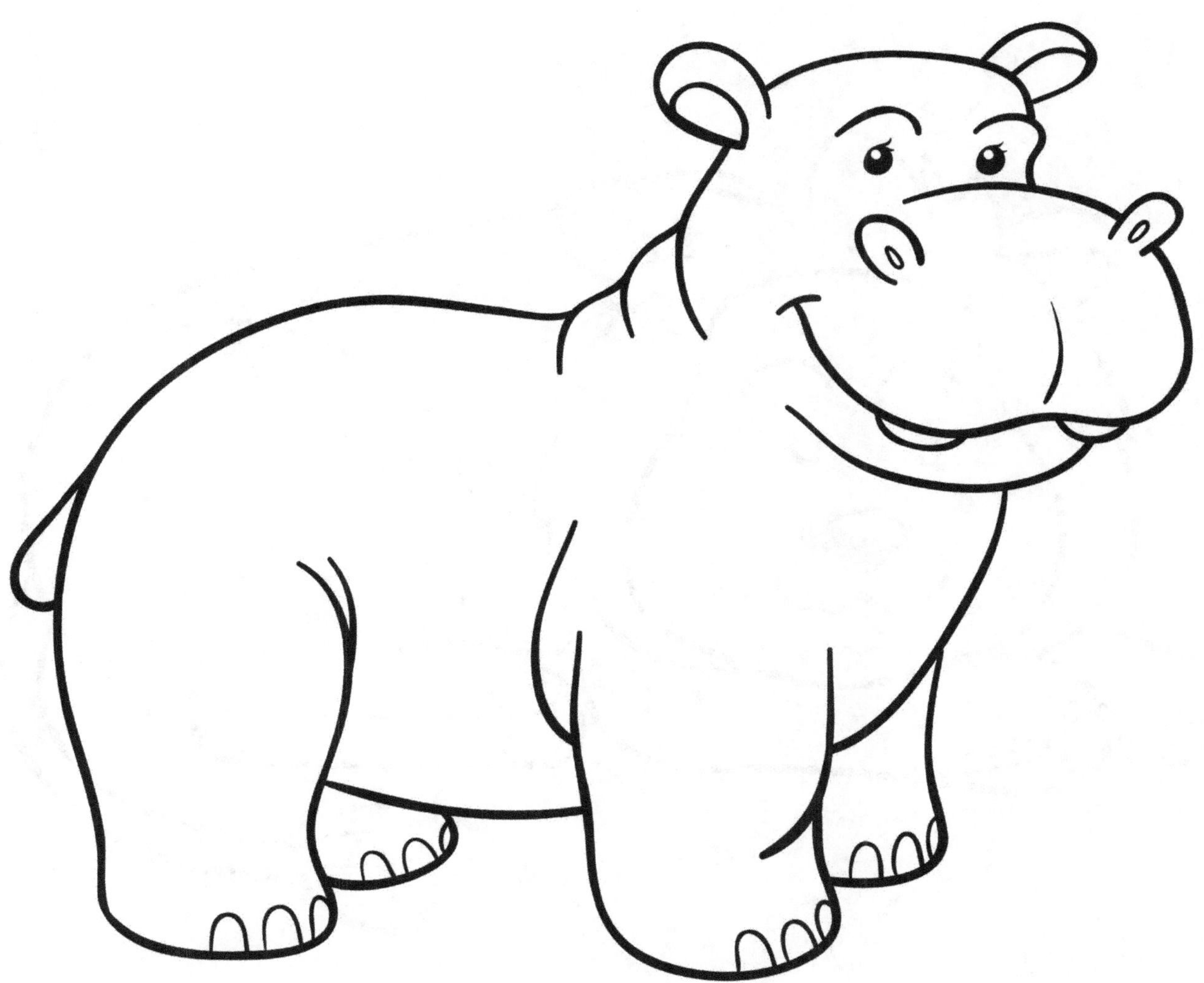

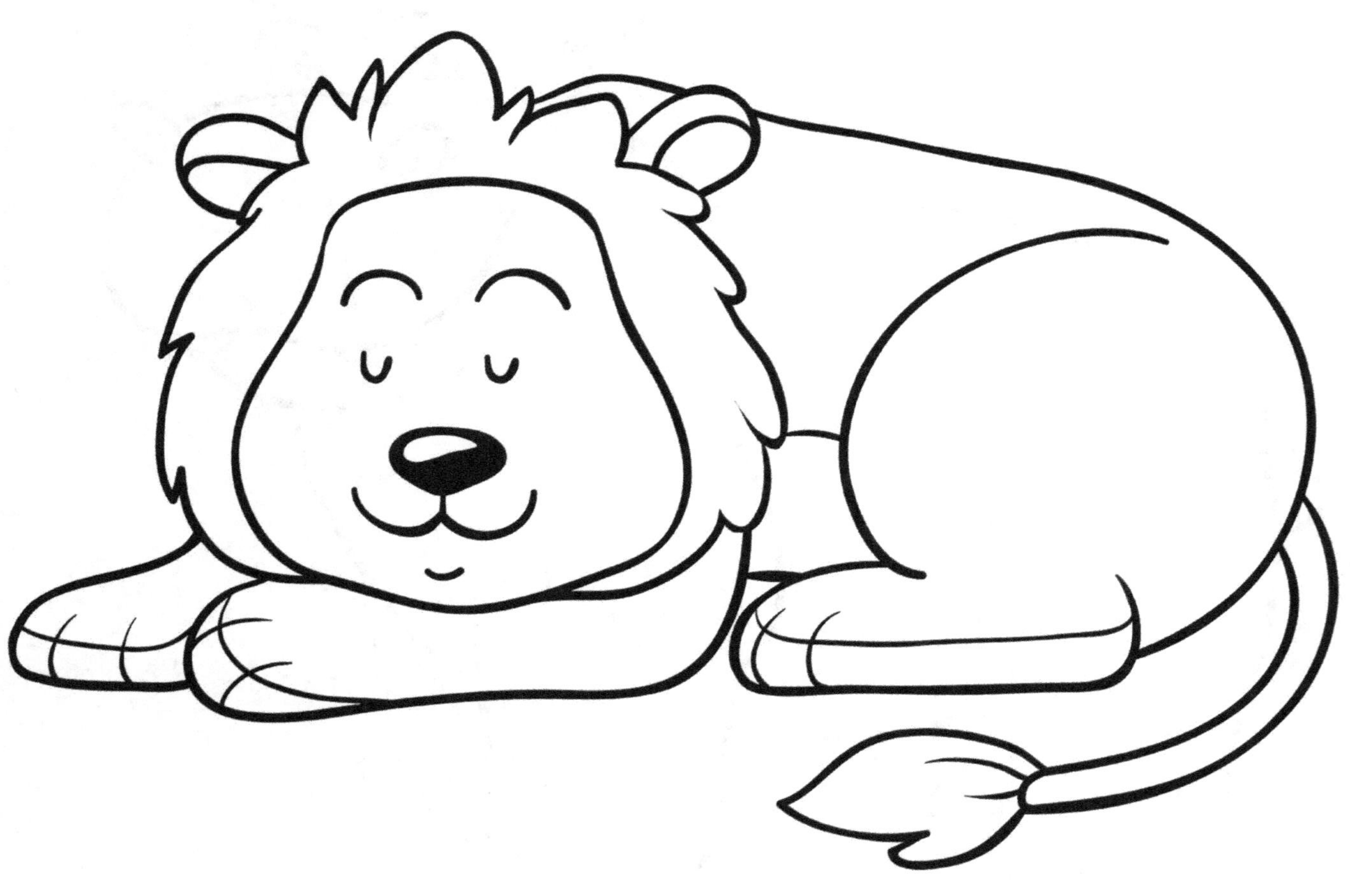

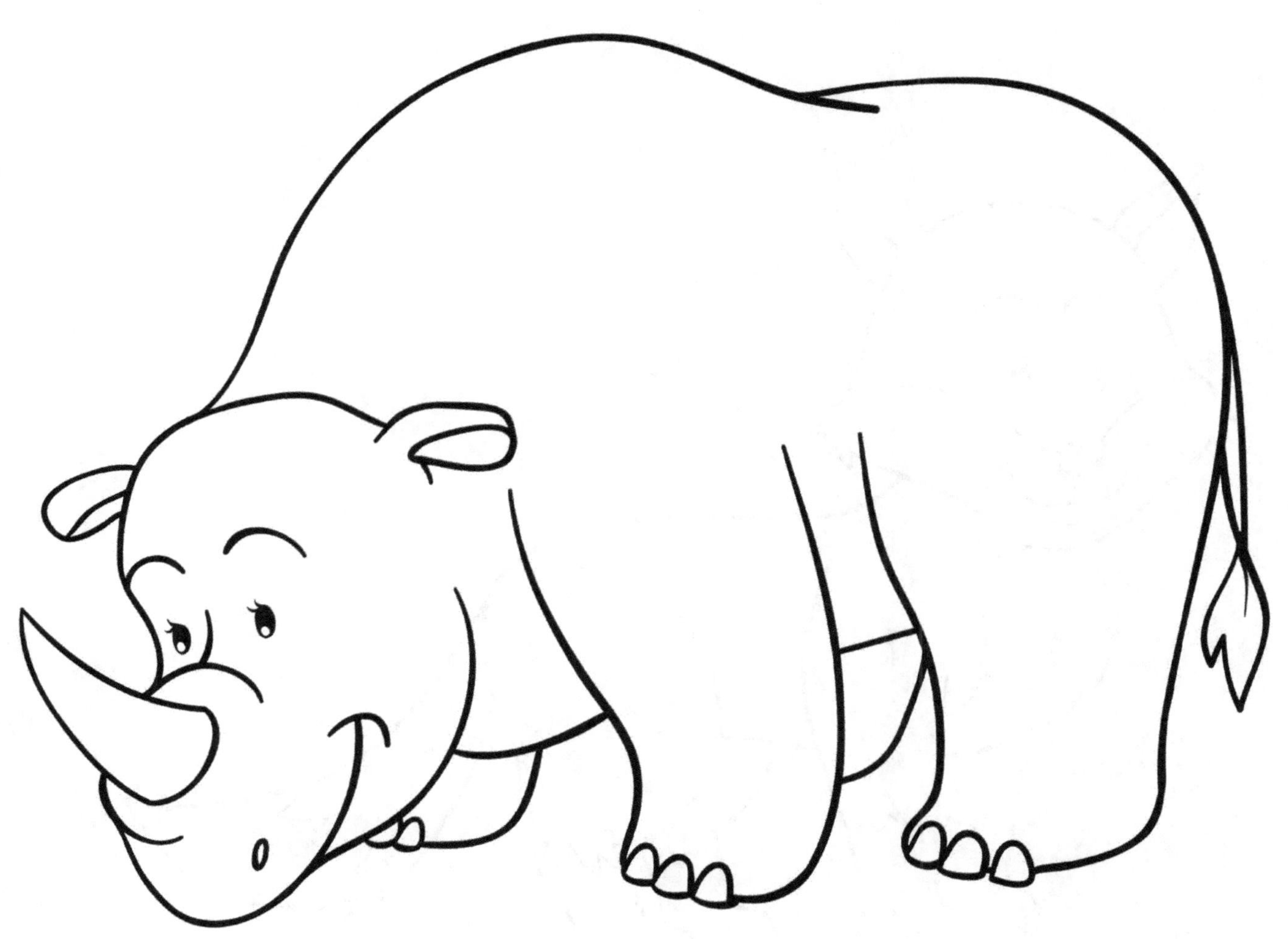

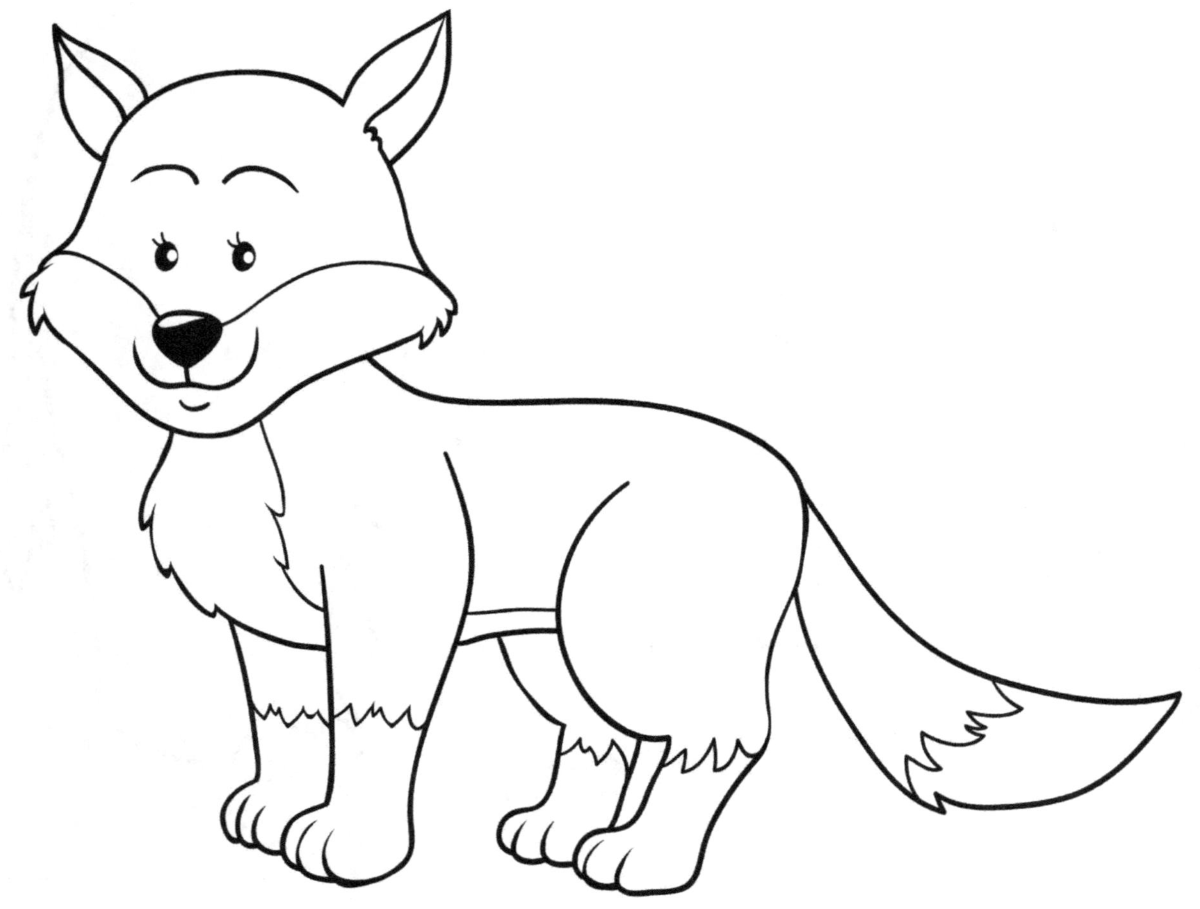

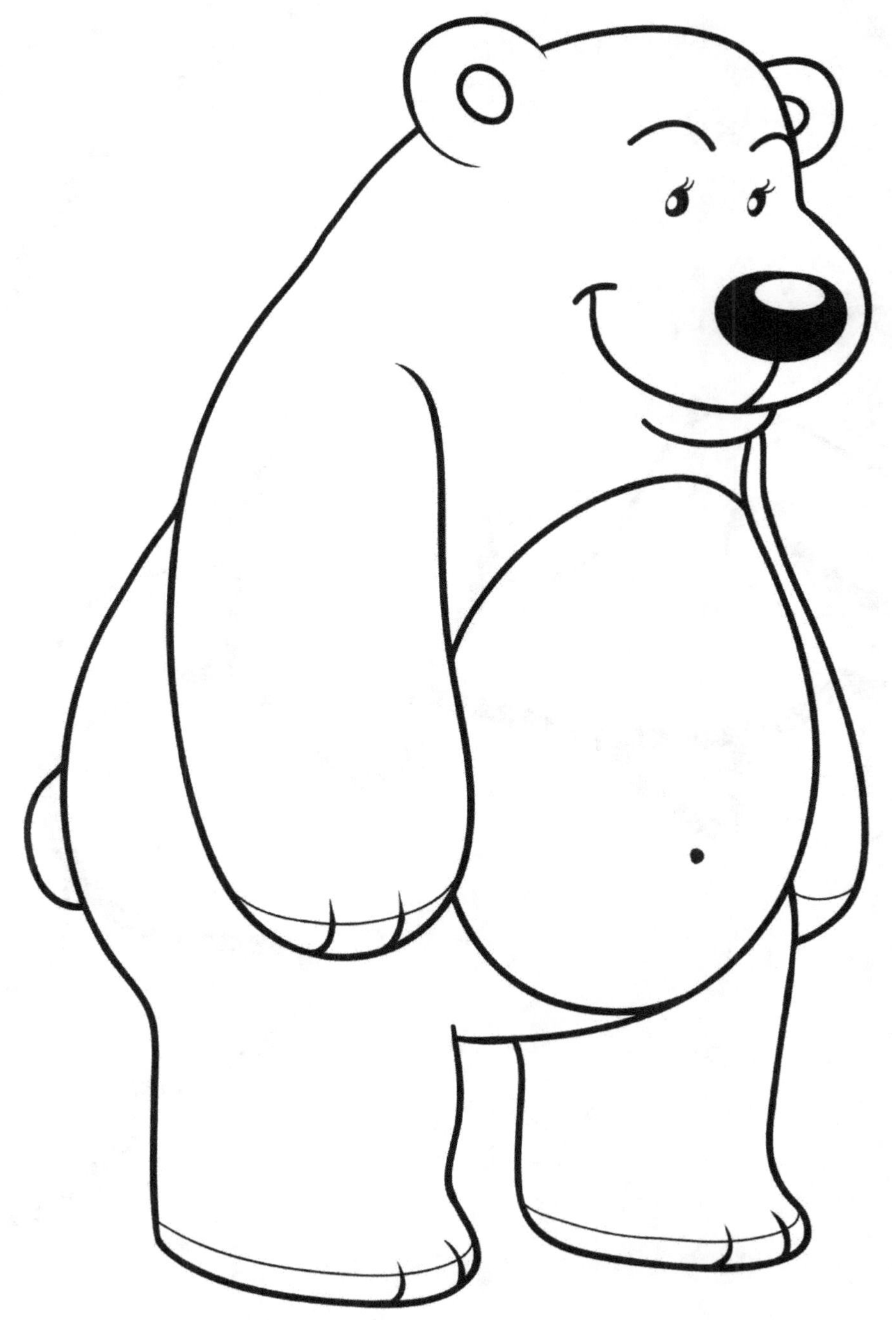

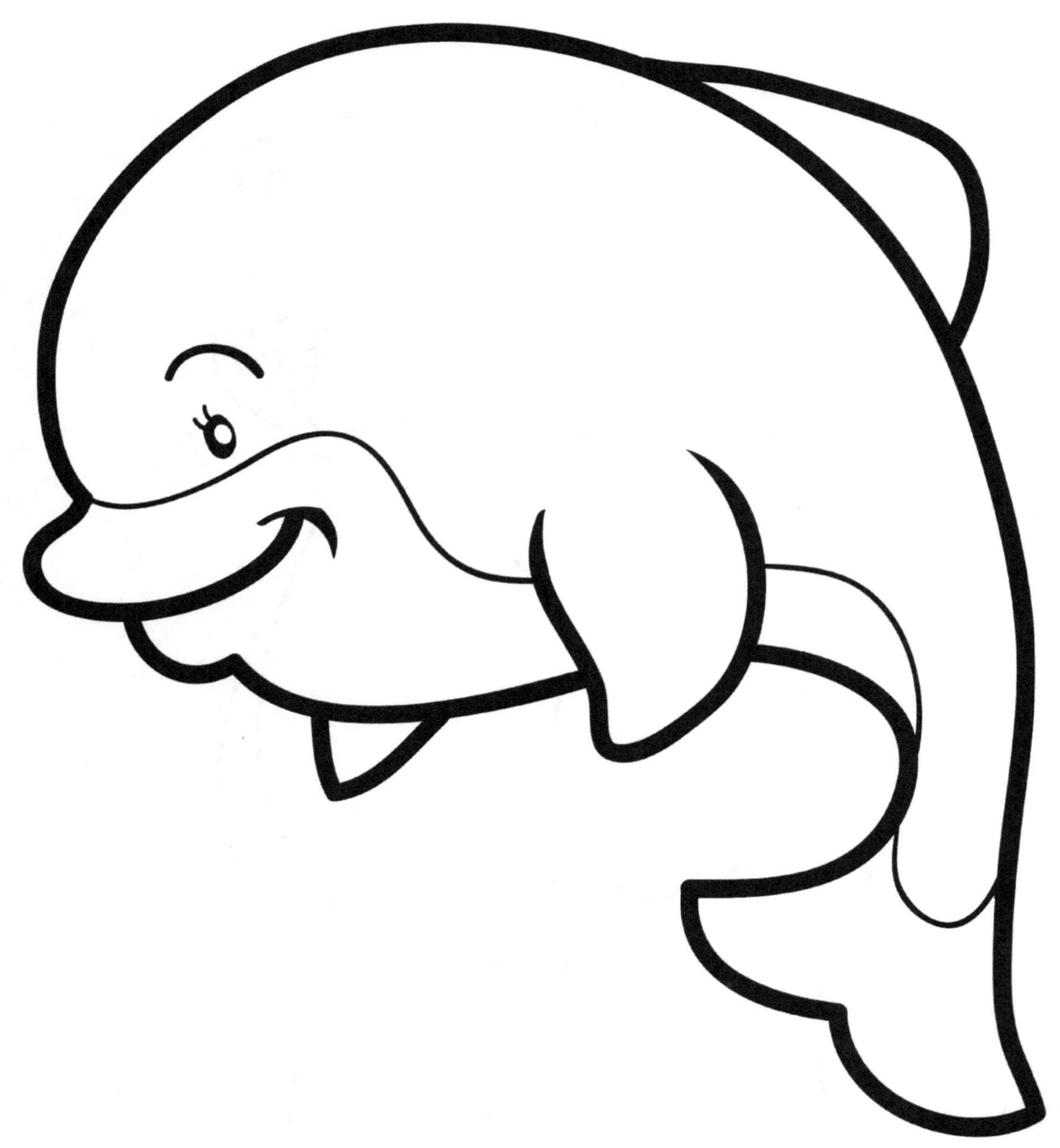

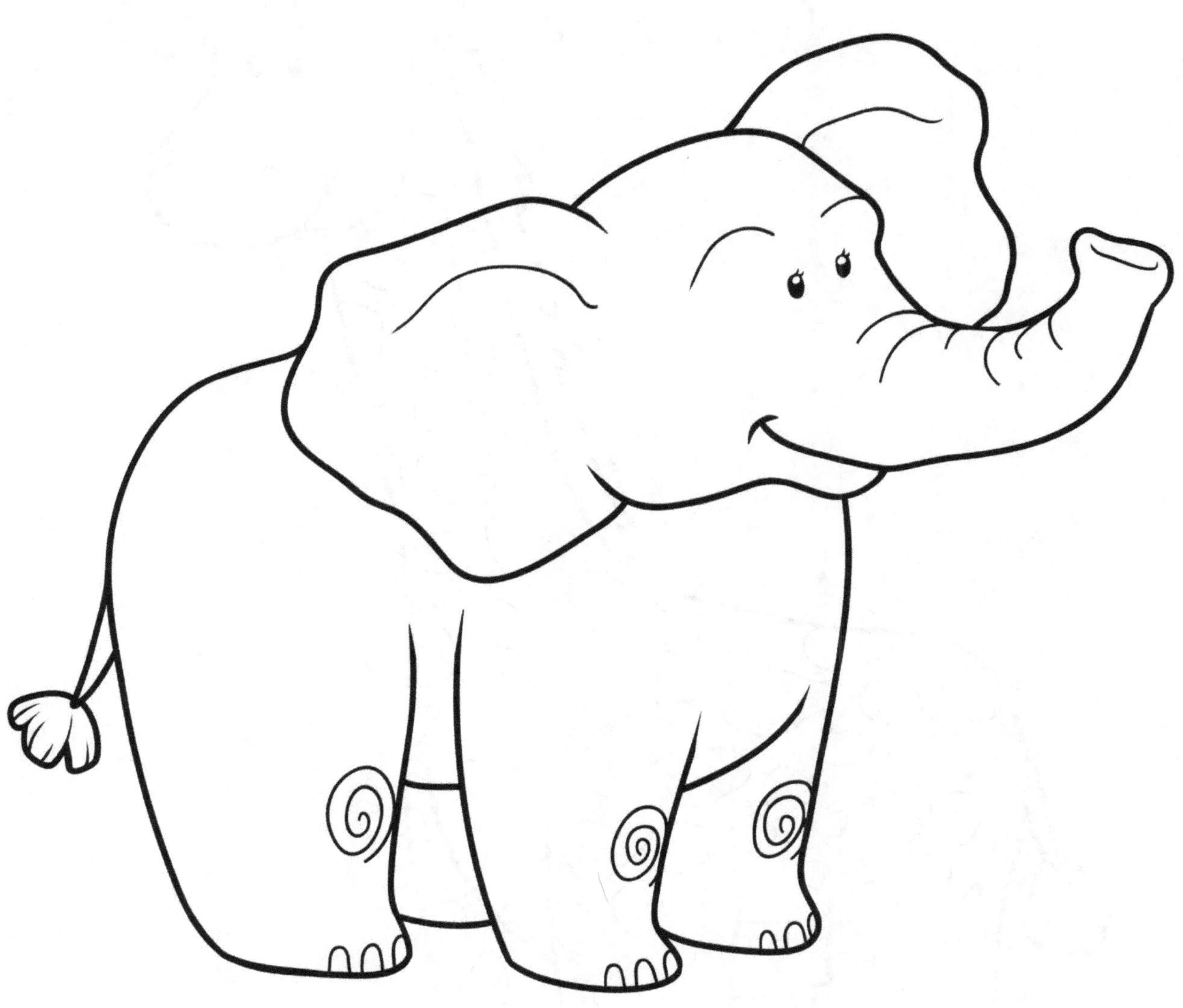

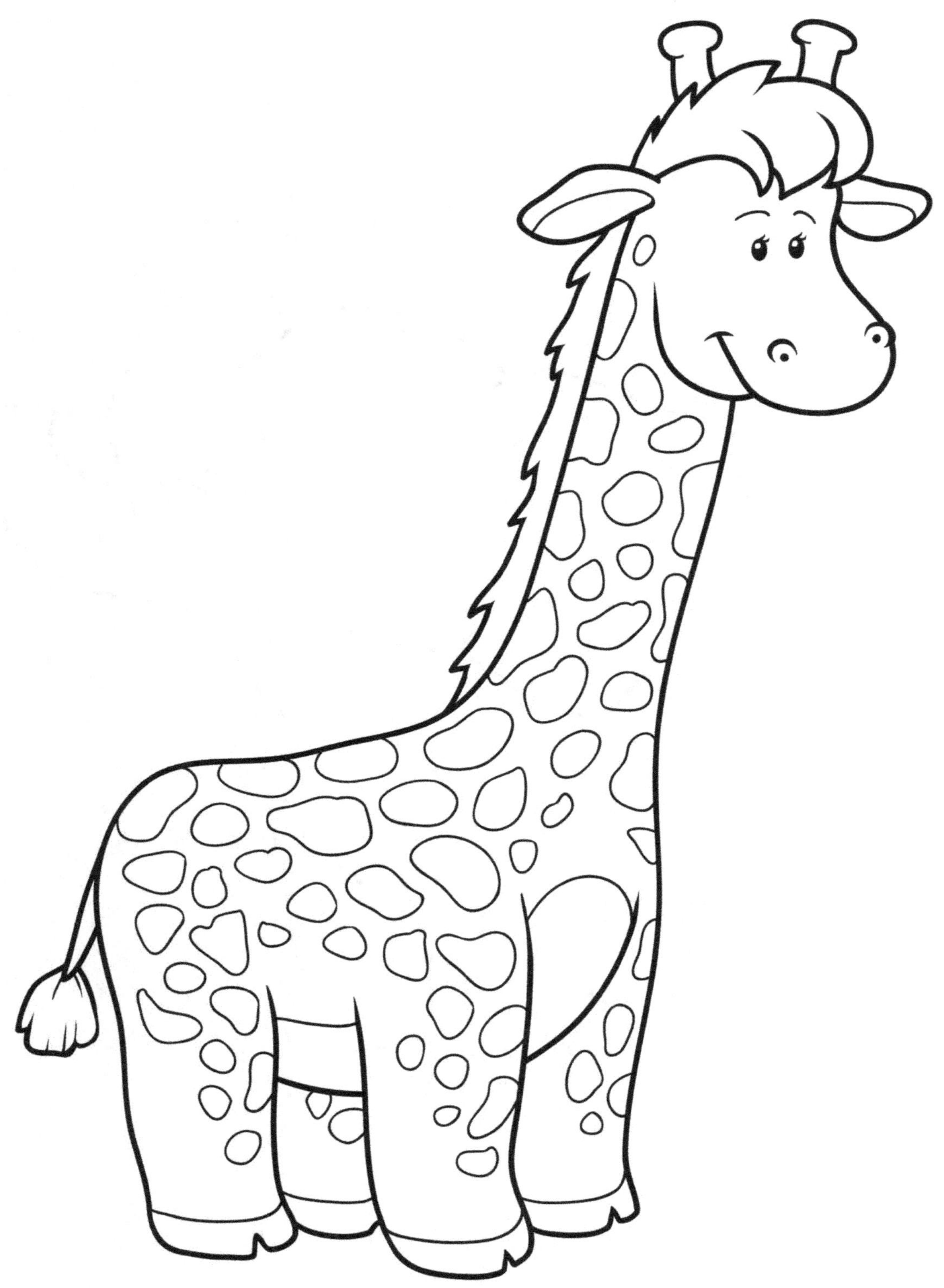

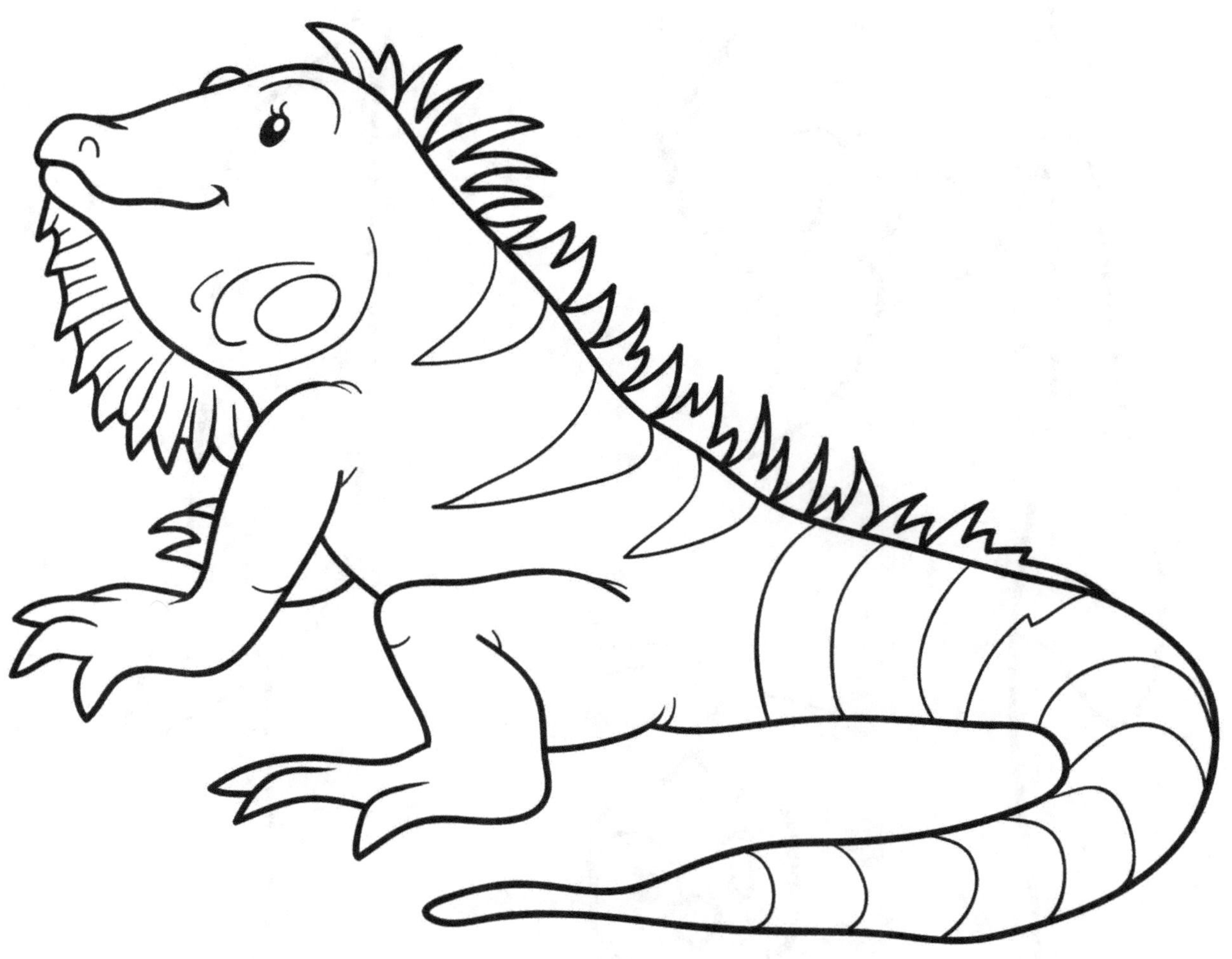

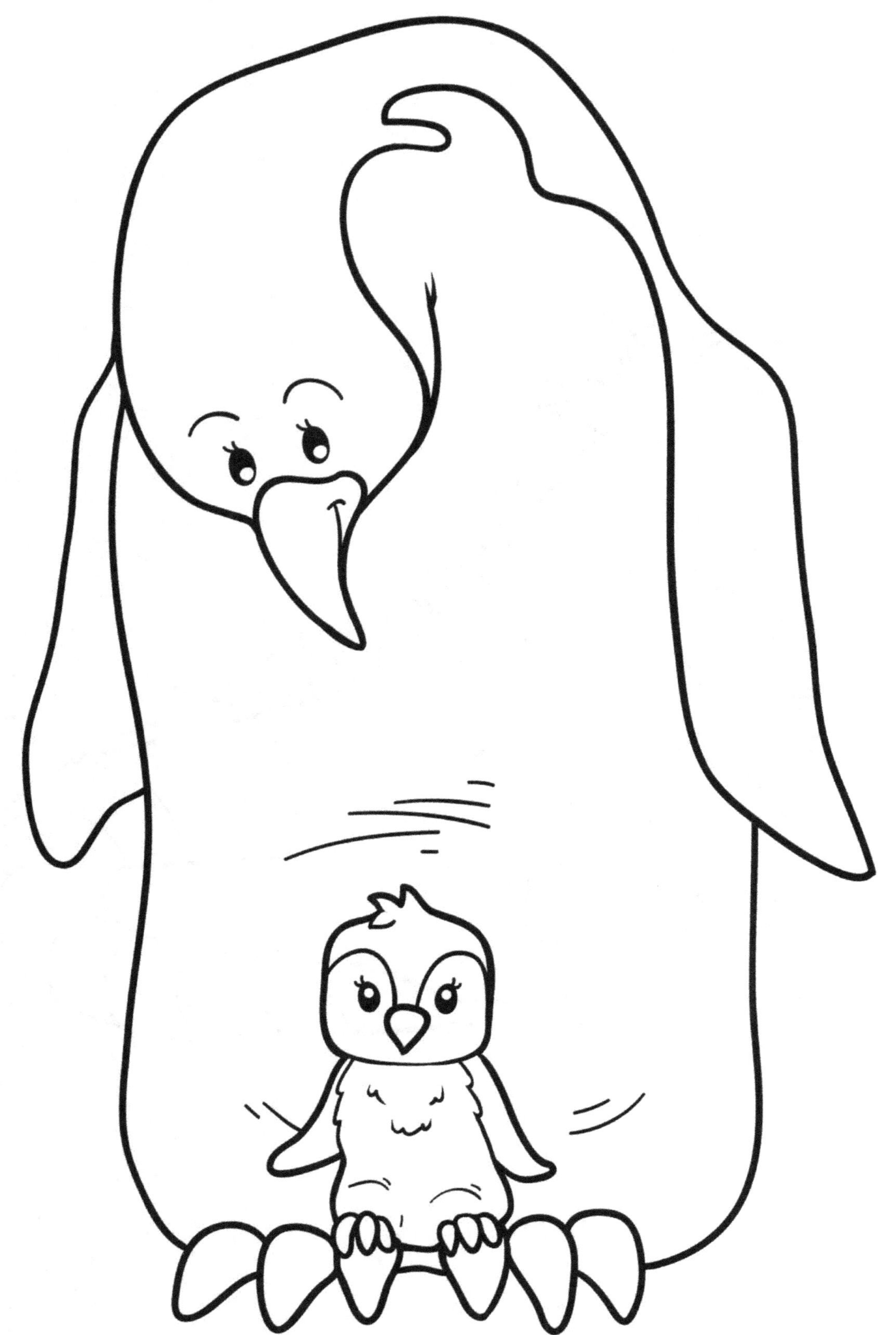

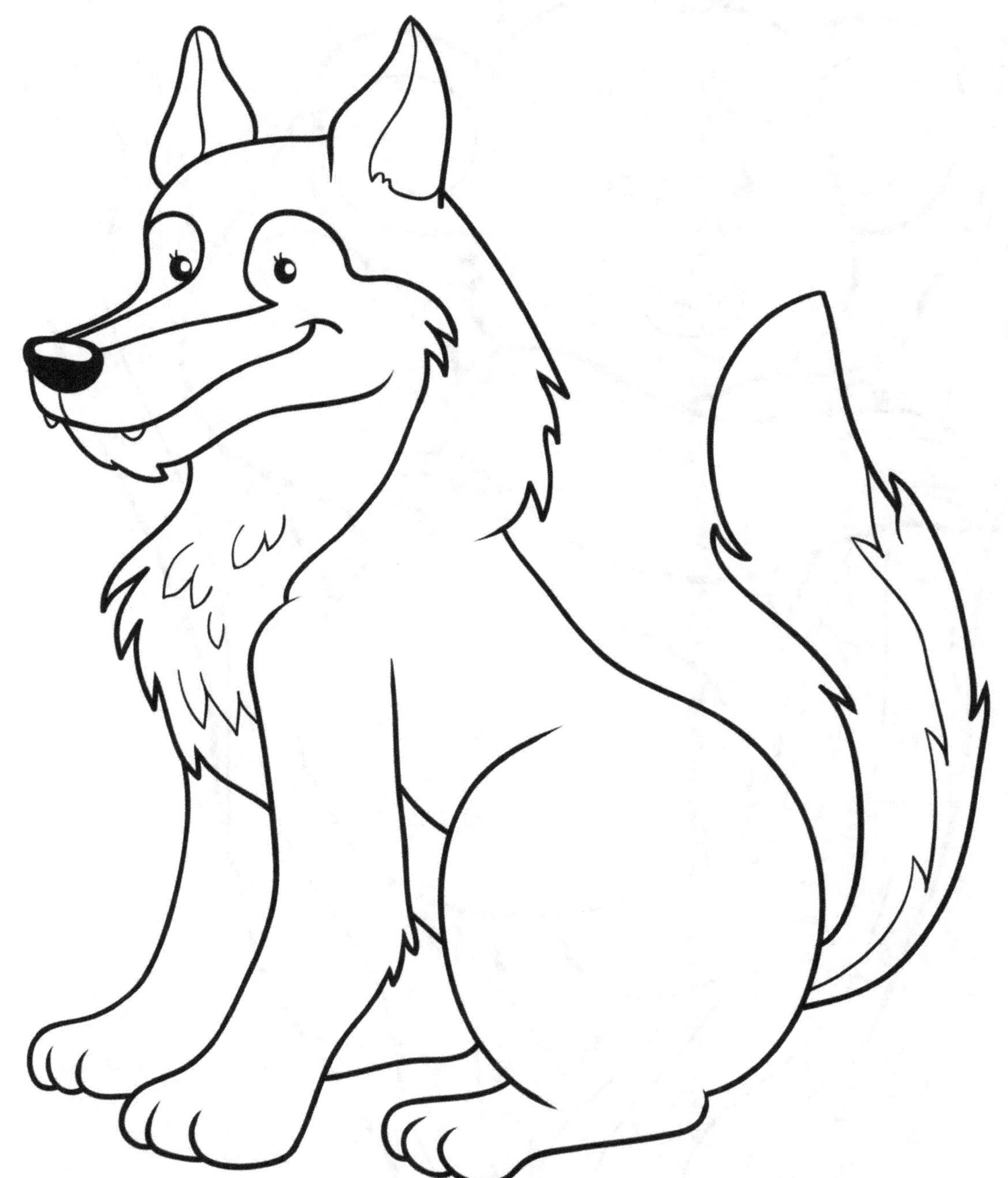

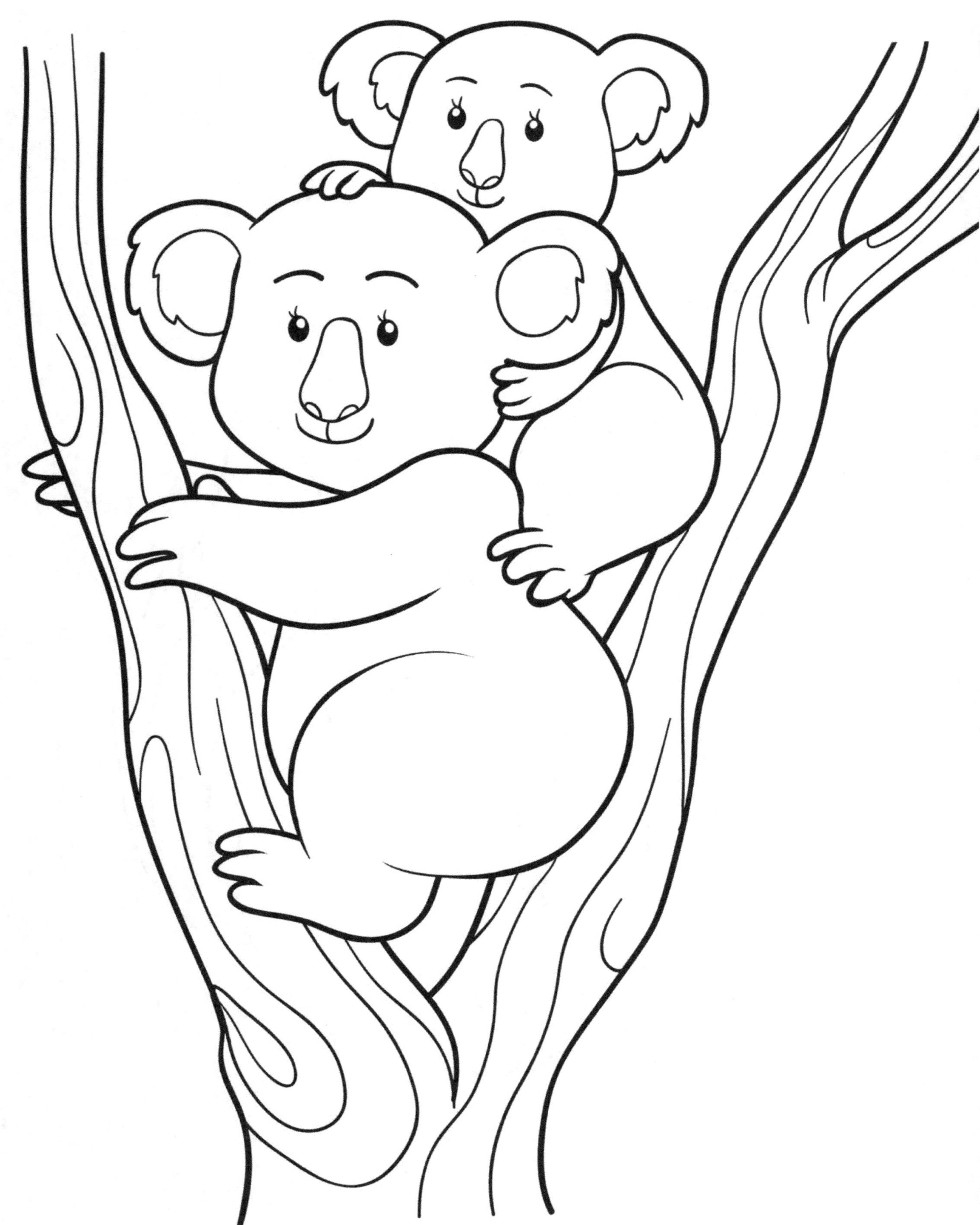

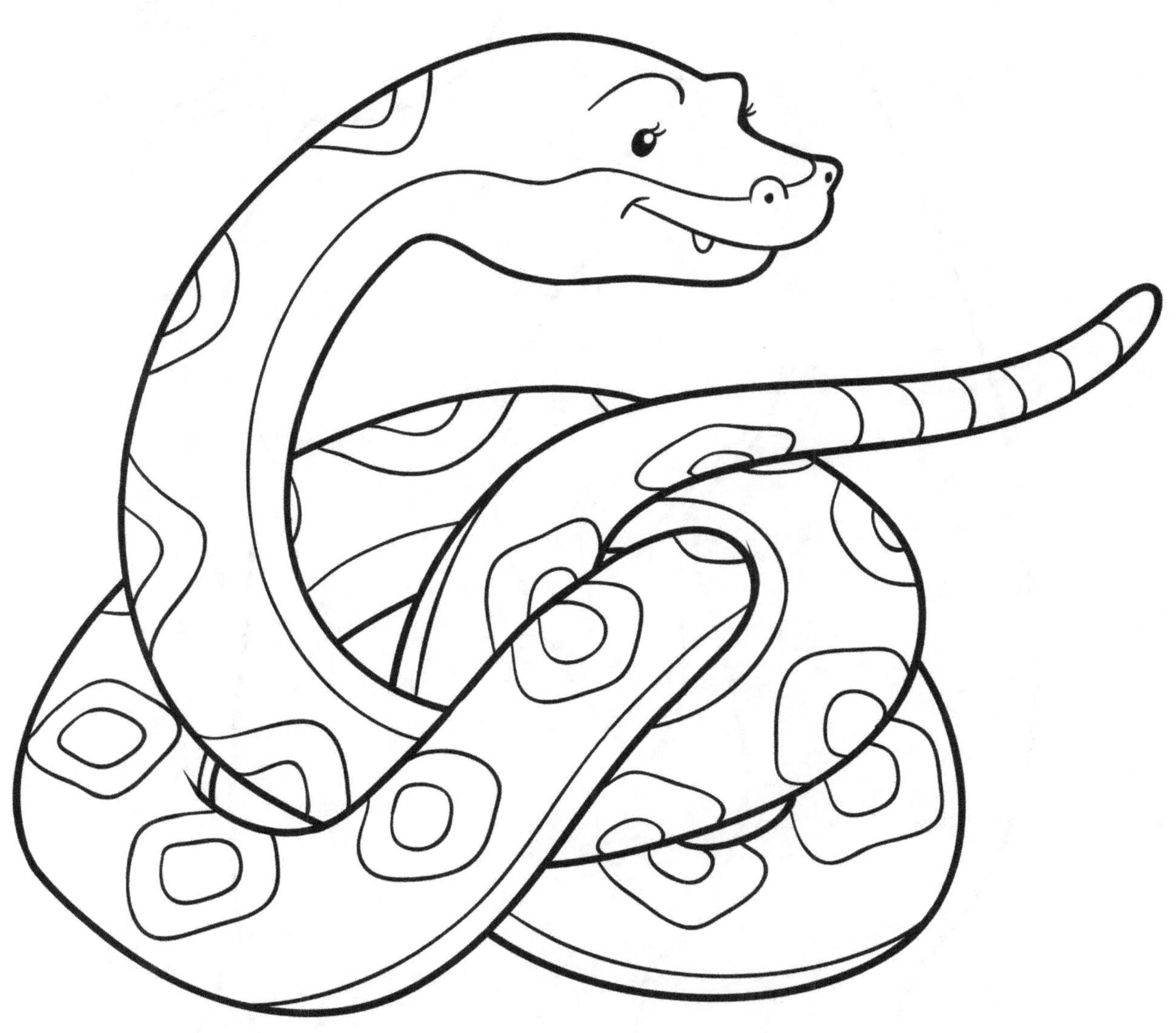

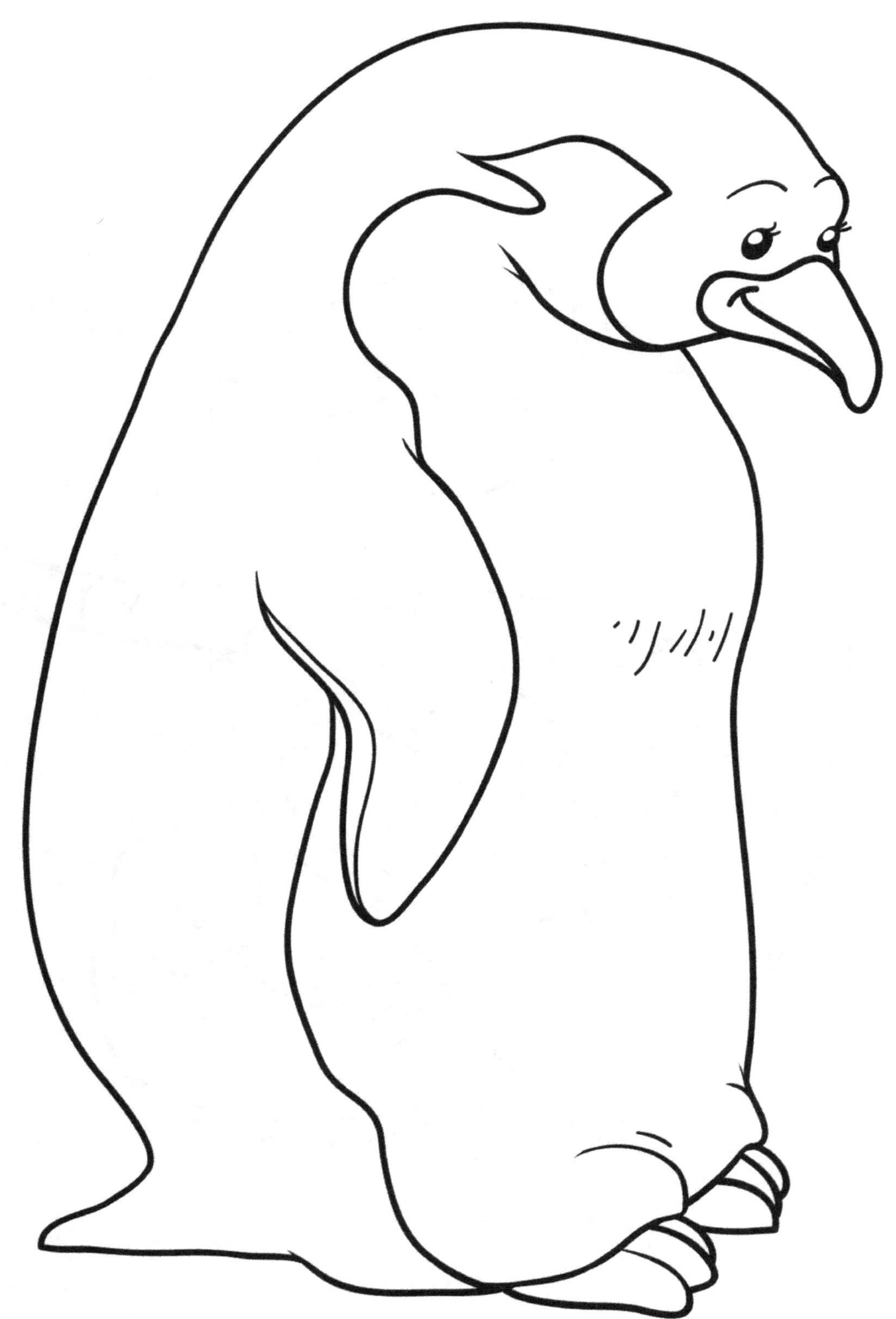

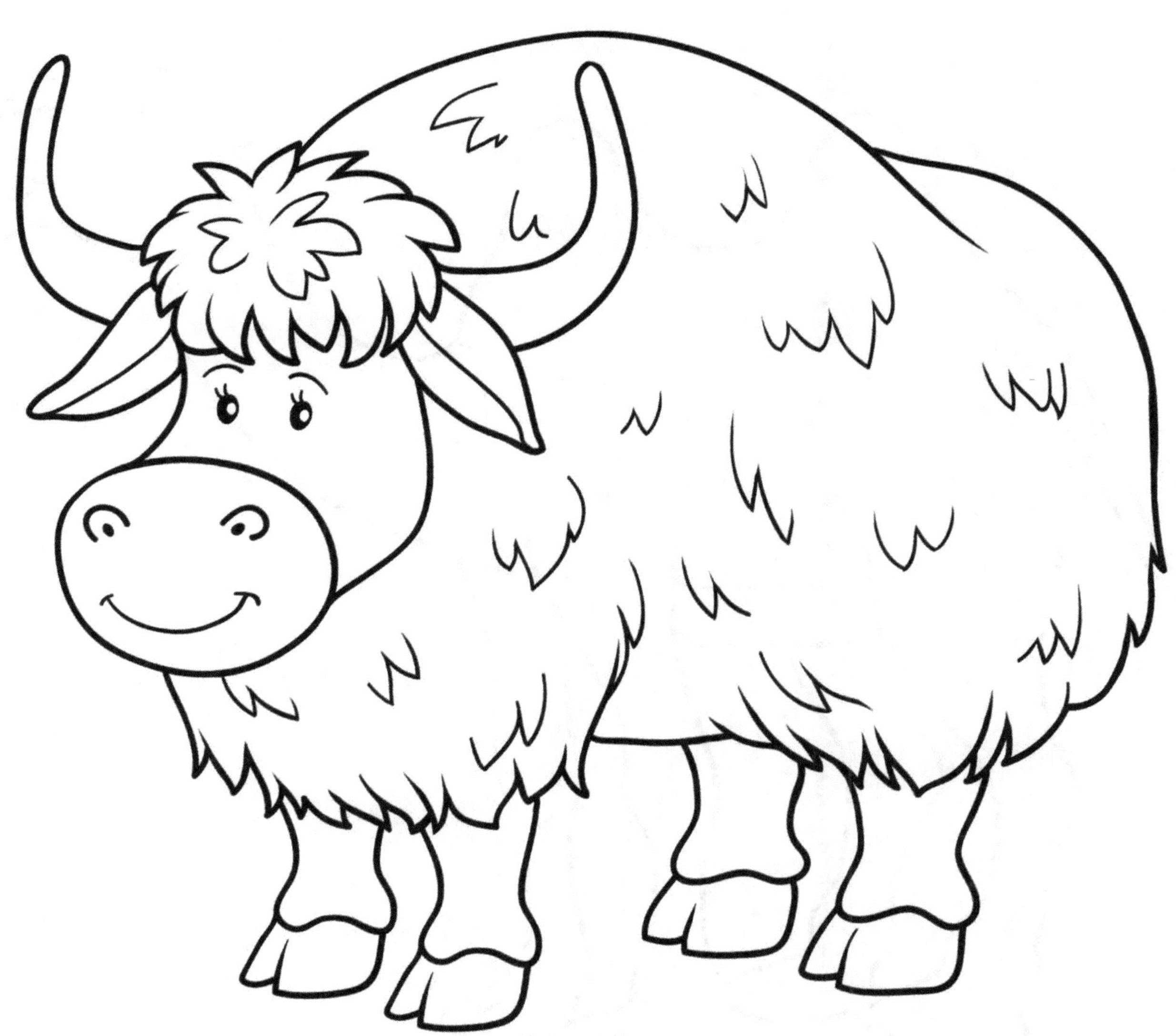

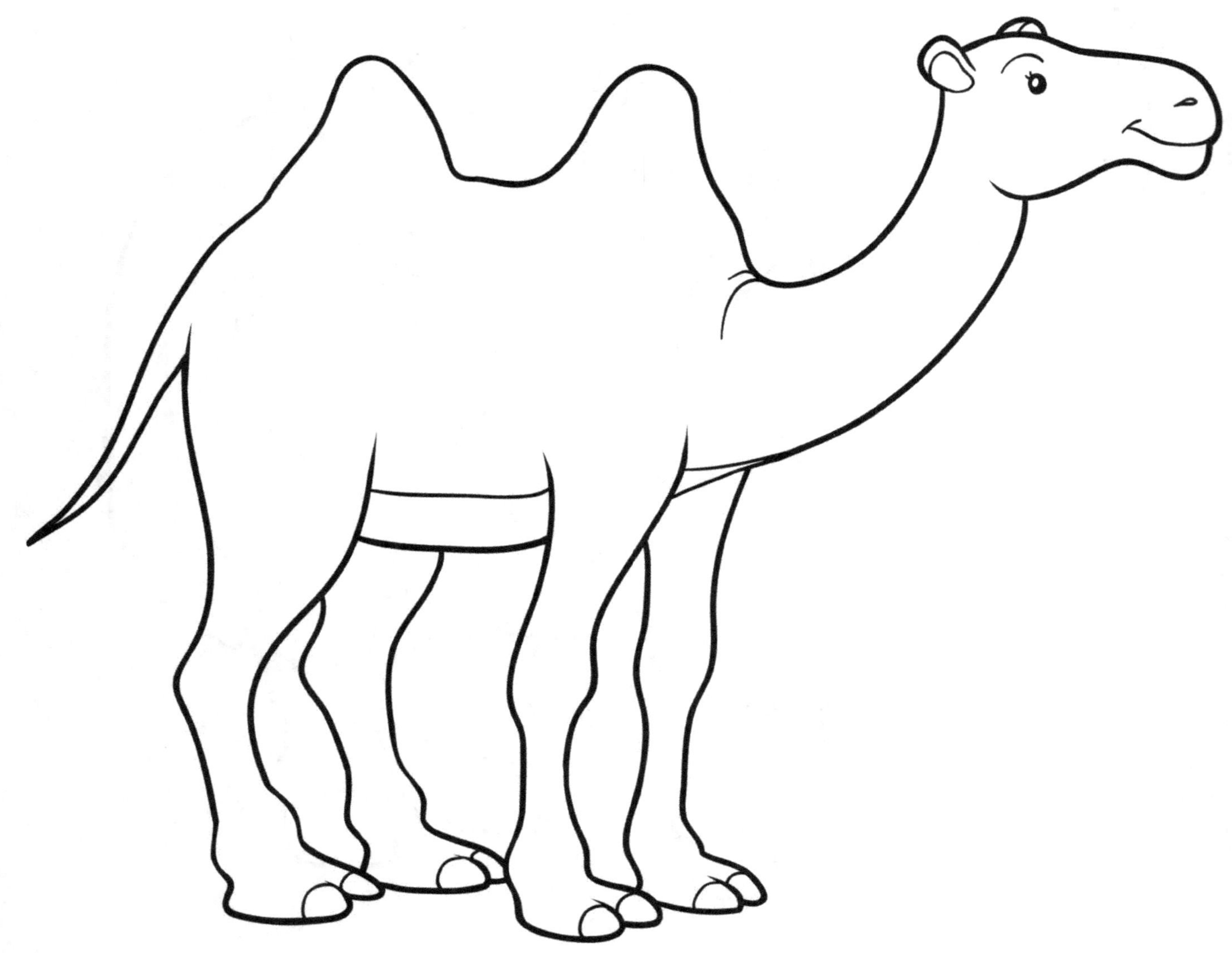

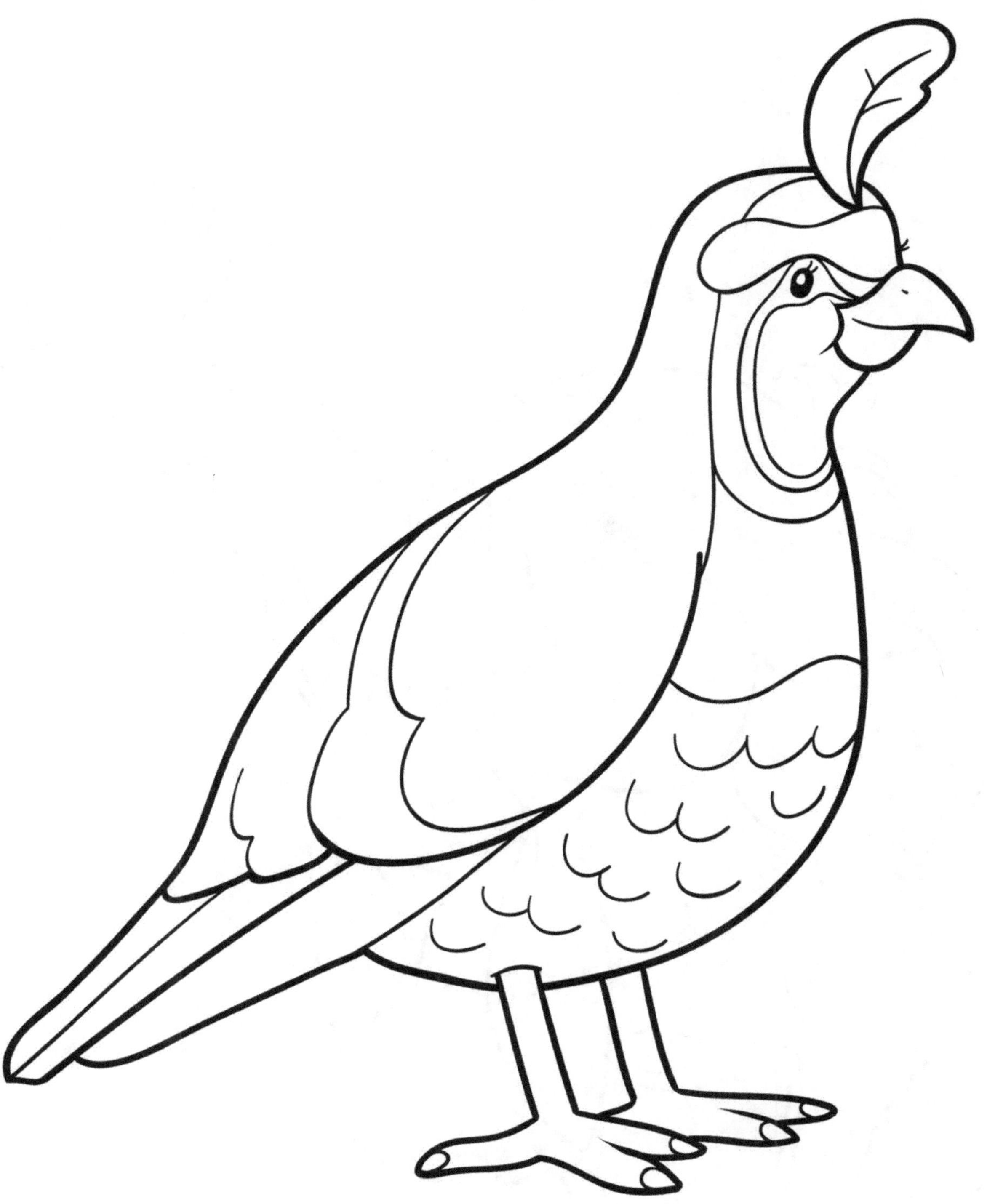

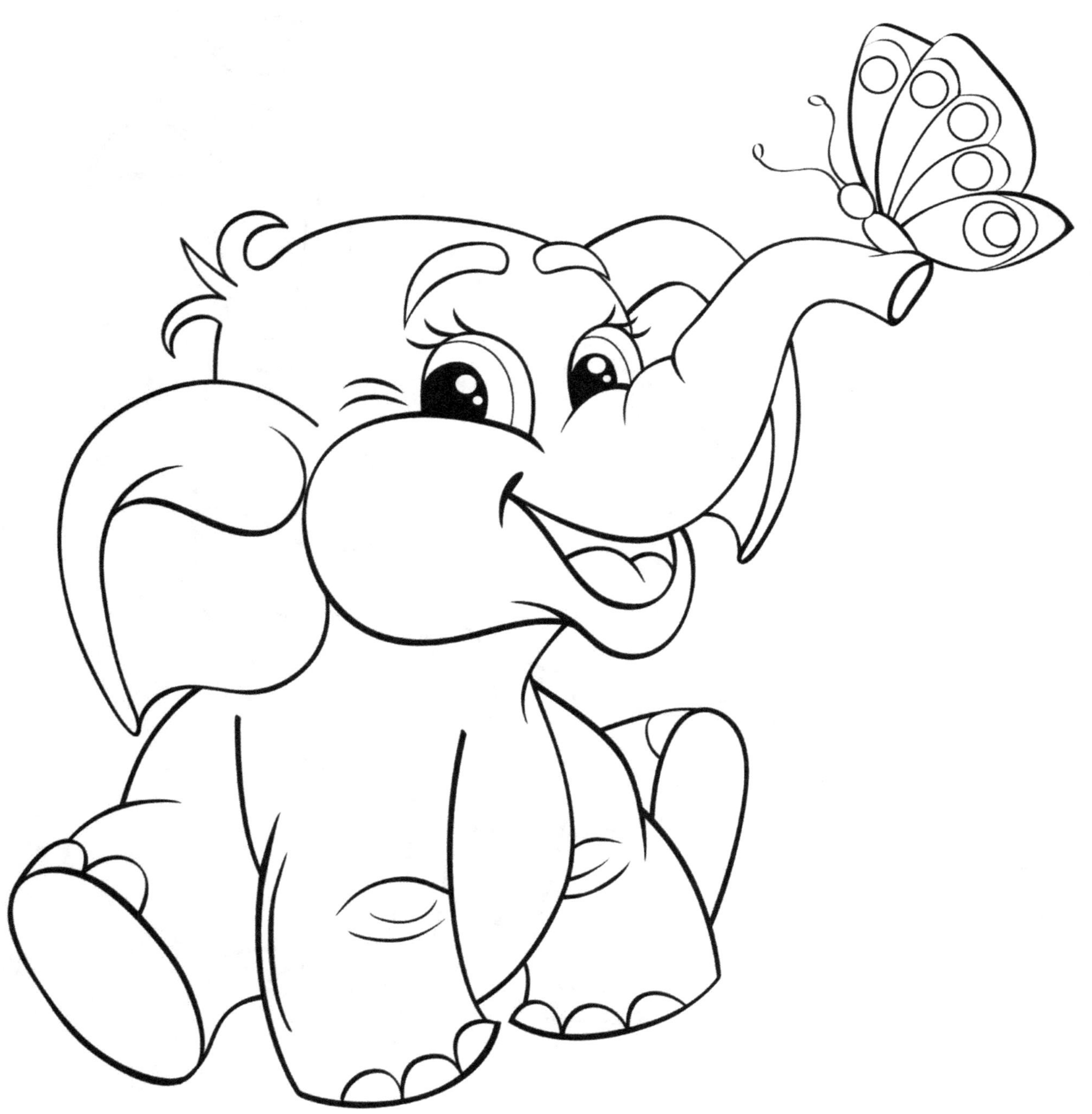

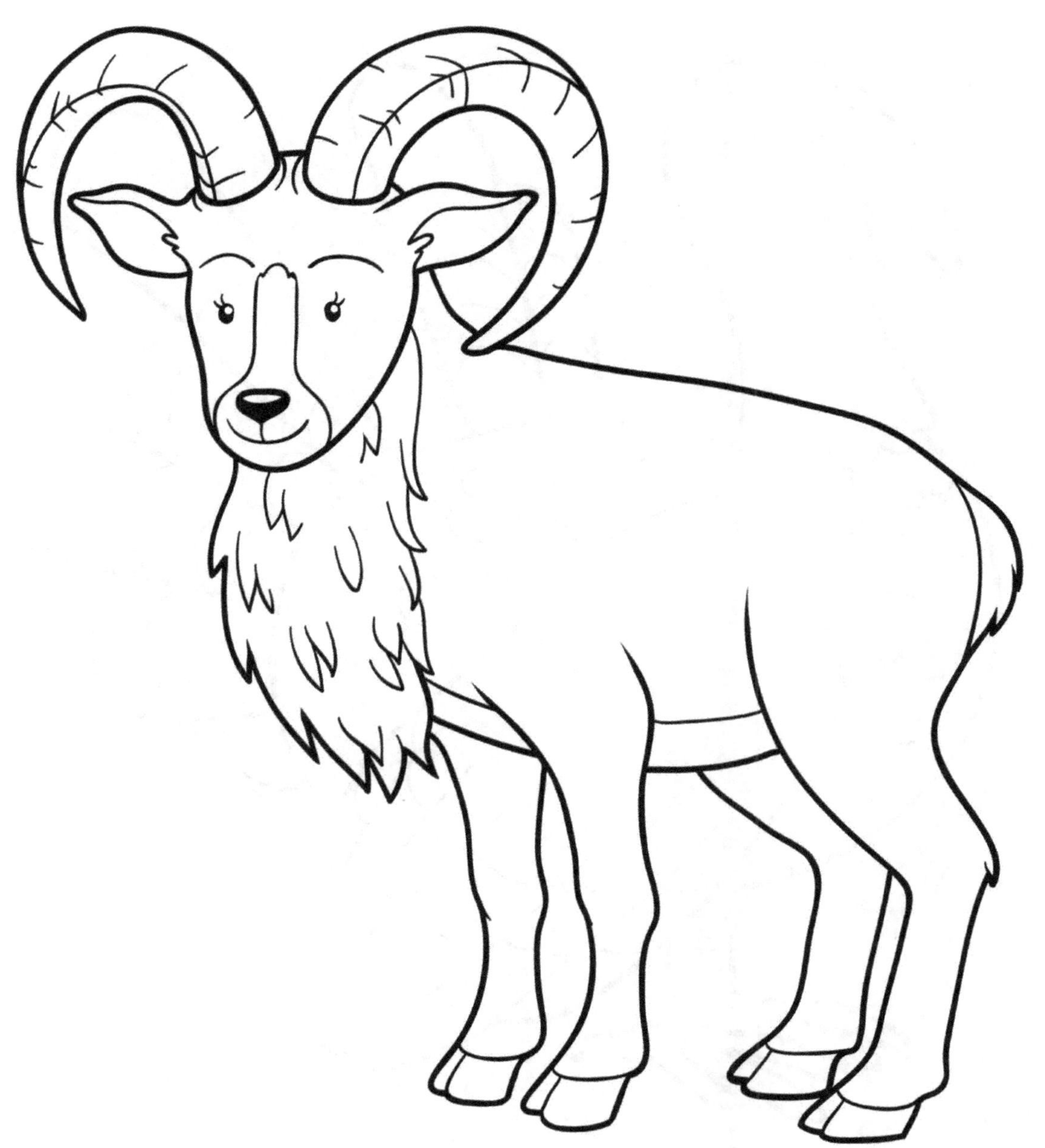

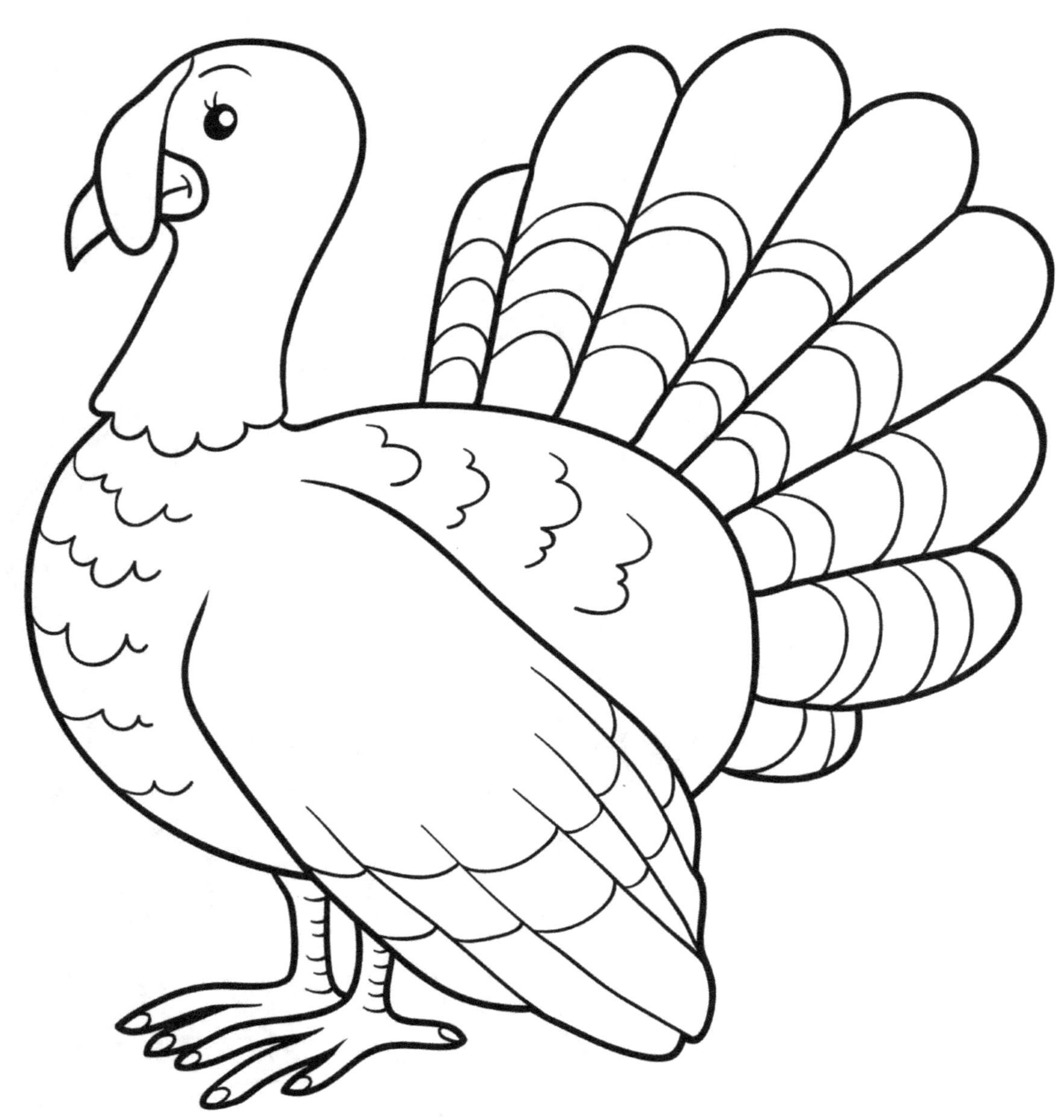

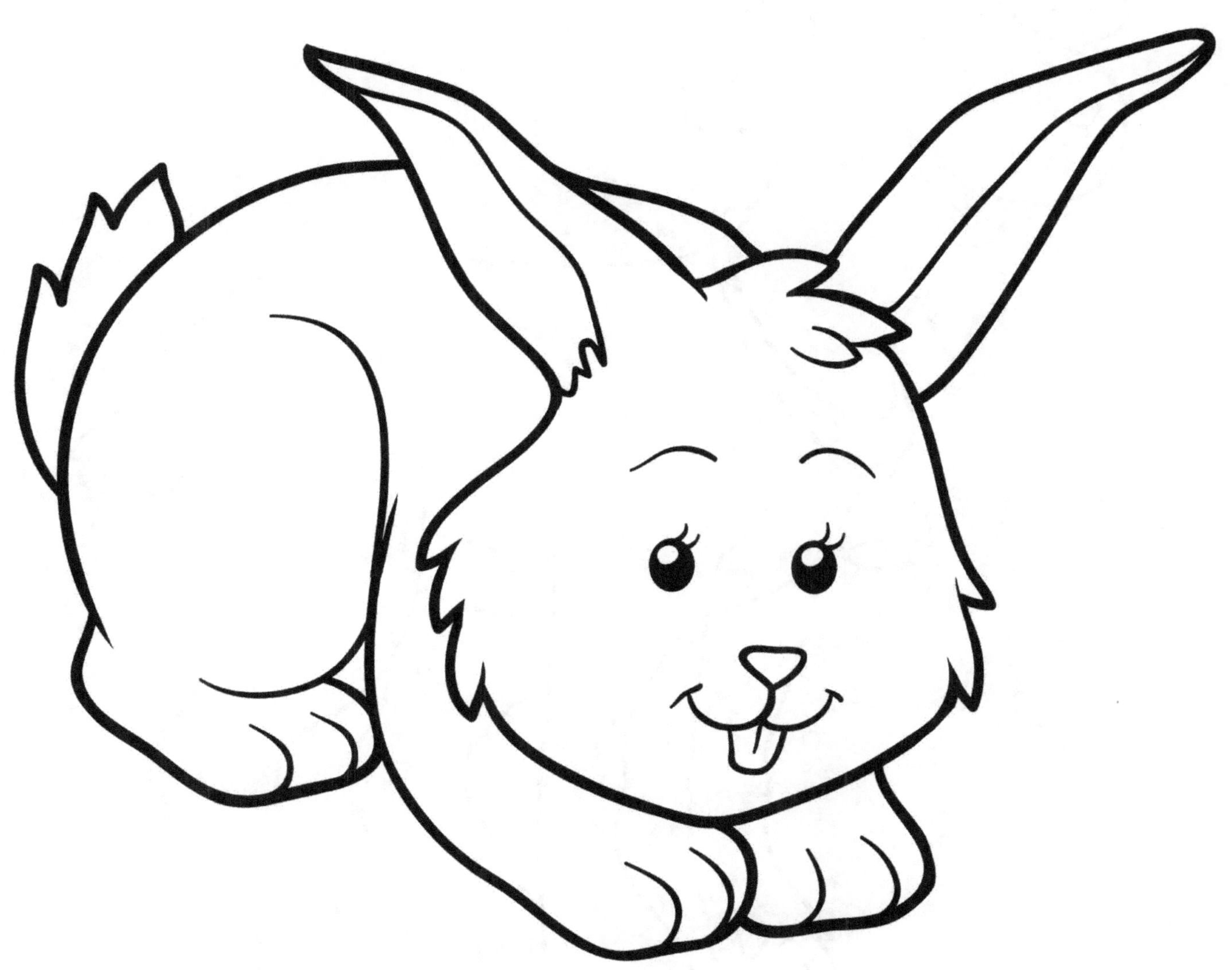

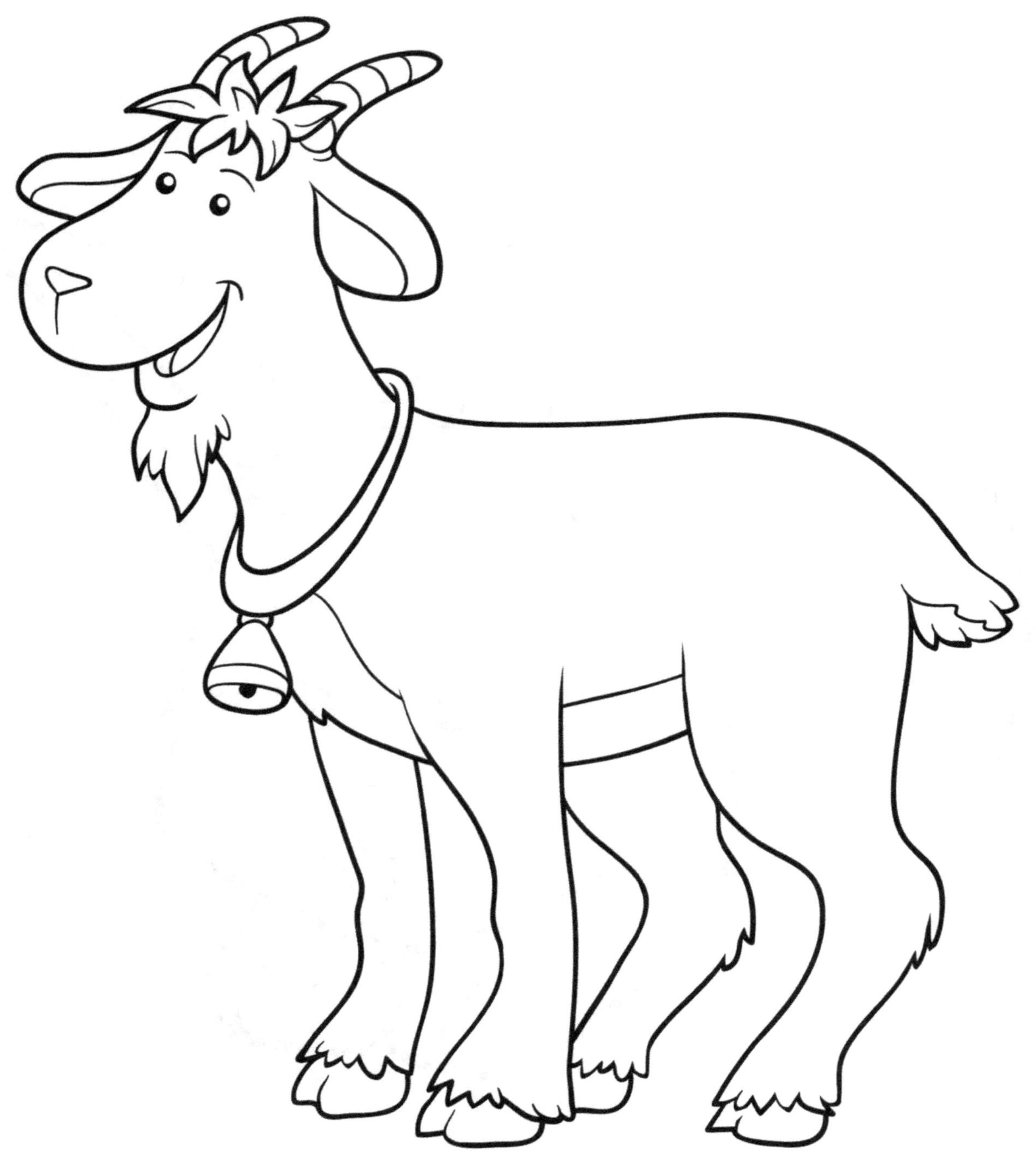

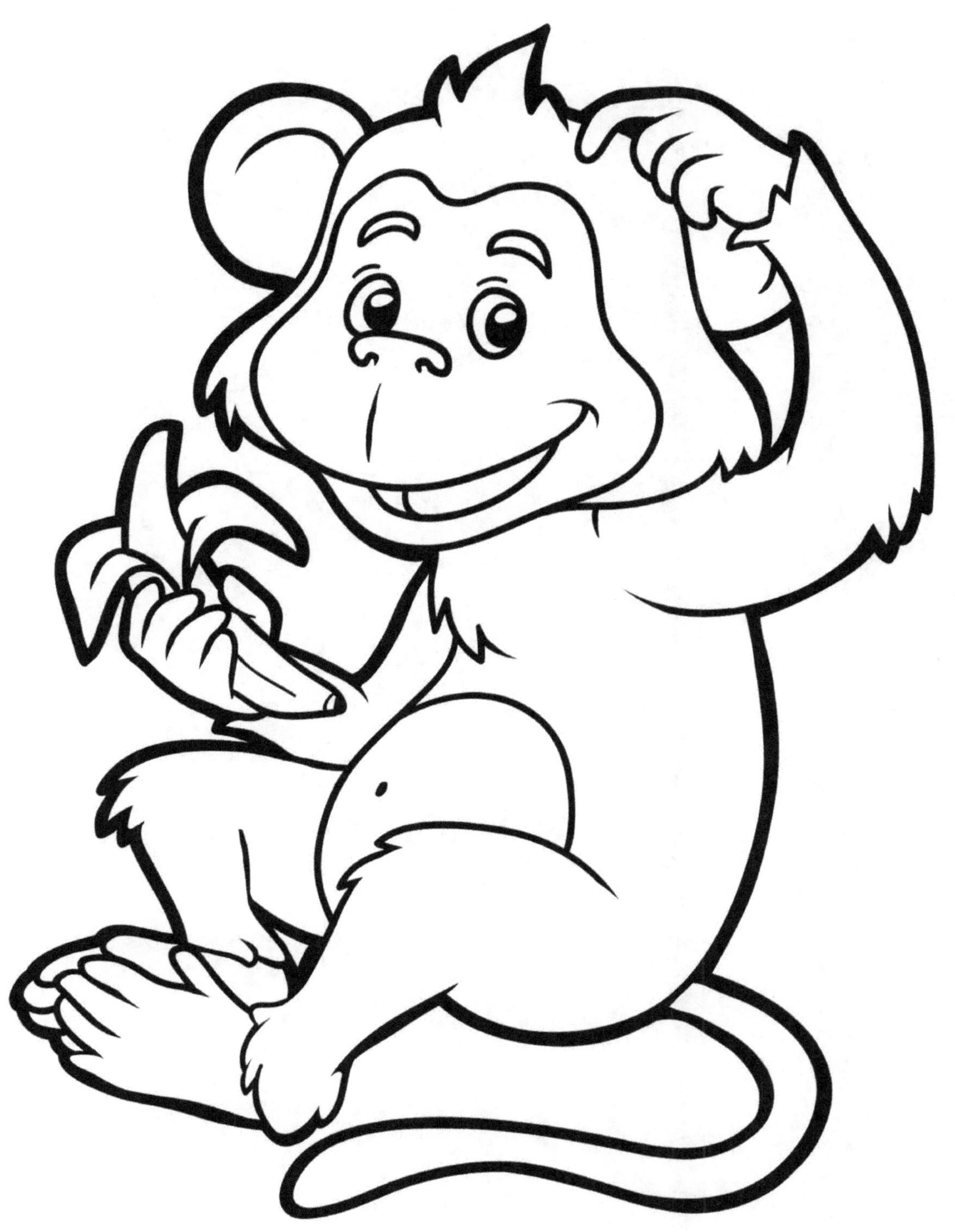